Duften af ren kærlighed

Swamini Krishnamrita Prana

Mata Amritanandamayi Center
San Ramon, Californien, USA

Duften af ren kærlighed
af Swamini Krishnamrita Prana

Udgivet af:
  Mata Amritanandamayi Center
  P.O. Box 613, San Ramon, CA 94583-0613, USA

------ *The Fragrance of Pure Love – Danish* -----

Copyright © 2020 Mata Amritanandamayi Center,
P.O. Box 613, San Ramon, CA 94583-0613, USA

Alle rettigheder forbeholdes.

Ingen del af denne bog, bortset fra korte uddrag, må gengives, opbevares i nogen form for databasesystem eller videregives i nogen form eller via nogen kanaler – elektronisk, mekanisk, som fotokopi, som optagelse eller på andre måder uden skriftlig tilladelse fra udgiveren.

Første udgave: april 2020

I Danmark:
  www.amma-danmark.dk

I Indien:
  www.amritapuri.org
  inform@amritapuri.org

Indholdsfortegnelse

1. At finde hjem til Gud ... 7
2. En barndom med mangofrugter og lyksalighed ... 17
3. Født til at opløfte menneskeheden ... 25
4. Guruen fører os til Gud ... 31
5. På sporet af ægte skønhed ... 39
6. Den forstående moder ... 45
7. Duften af kærlighed ... 51
8. En fuldkommen mesters kærlighed ... 57
9. At transformere sten til guld ... 65
10. Seva - kærlighedens alkymi ... 71
11. Kærlighedens flod ... 79
12. Hun, som bringer regnen ... 87
13. Fra græs til mælk ... 95
14. At bøje sig for hele skabelsen ... 101
15. Fuldkommen overgivelse ... 109
16. Nådens strøm ... 117
17. Amma leder vores skridt ... 123
18. At udvikle uskyldig tro ... 131

"Du har ingen anelse om, hvor meget jeg har anstrengt mig for at finde en gave til dig. Intet virkede rigtigt. Hvad nytter det at komme med guld til guldminen, eller vand til oceanet? Alt jeg kunne finde var som at bringe krydderier til østen. Ej heller nytter det at give mit hjerte og min sjæl, som du allerede har fået. Derfor har jeg givet dig et spejl. Se på dig selv og husk mig."
— Rumi

Kapitel 1

At finde hjem til Gud

Jeg mødte Amma for første gang i 1982. Hun sad i en lille hytte, som var tækket med kokospalmeblade og talte med nogle få mennesker, der sad på gulvet omkring hende. Amma rejste sig og bød mig velkommen med en omfavnelse, da jeg kom ind. Hendes overstrømmende kærlighed tog vejret fra mig. Fordi jeg aldrig havde forestillet mig, at nogen kunne være så kærlig overfor en fremmed, blev jeg næsten chokeret.

Jeg var lige rejst fra et spirituelt center, der lå i den nordlige del af Inden. Her sad Guruen på behørig afstand af sine disciple, og ingen fik tilladelse til at røre ved ham. Nogle spirituelle lærere synes, at andres berøring fjerner deres energi. Det siges, at energien strømmer ned gennem kroppen og ud gennem fødderne. Når man ærbødigt rører fødderne, kan man modtage en velsignelse. Der er mange spirituelle lærere, som ikke tillader nogen form for fysisk kontakt, fordi de ønsker at beskytte deres energi. De tillader kun, at man ærbødigt lægger sig foran dem og tilbeder deres fødder på afstand.

Amma var langt hinsides alt dette. Med medfølelse og entusiasme ofrede hun sin krop, sit liv og sin sjæl til verden. Hun var helt ubegribelig for mit 'spirituelt uddannede' sind. Jeg troede, at jeg vidste alt om spiritualitet, men Amma lærte mig hurtigt, at jeg ikke vidste noget om den rene guddommelige kærlighed. Jeg var nærmest bestyrtet over den kærlighed og omsorg, hun helt spontant udstrålede.

Jeg var så heldig, at nåden manifesterede sig og gjorde det muligt for mig at blive boende hos Amma i hendes ashram på et tidspunkt, hvor der kun var fjorten andre beboere.

At bo sammen med Amma åbnede en hel ny sfære af hengivenhed, hvor mit sind blev rettet væk fra verden og kanaliseret hen i en nyttig retning. Jeg erfarede, at de spirituelle principper, jeg tidligere kun havde læst eller hørt om, kom til udtryk i Ammas liv og handlinger og manifesterede sig lige foran øjnene af mig. Samtidig var hun hele tiden så ydmyg. Hendes ydmyghed er blandt de dybeste, men alligevel mest subtile dele af hendes lære.

I begyndelsen var det svært for mig at begribe hendes handlinger, fordi jeg aldrig havde set nogen, der var så beruset af det guddommelige. Nogle gange lå hun i sandet eller i skødet på en af os, mens hun sang sange til Gud. Eller hun lå hensunket i stilhed, mens hun forsvandt ind i en guddommeligt beruset tilstand og lo eller græd i ekstase.

Amma vejledte os i at etablere en daglig spirituel praksis, og hun opfordrede os til at vælge en anden guddom end hende som objekt for vores meditation. For at øge vores hengivenhed og for at kunne udvikle tørst og længsel efter forening med det guddommelige, havde vi behov for at længes efter en guddommelig form, som *ikke* allerede var lige i nærheden af os. Vi var så heldige, at Ammas fysiske form var så let for os at have omgang med. Hver eneste dag gjorde hun sig tilgængelig i timevis for hvem som helst, der opsøgte hendes selskab, også til langt ud på natten.

På et vist tidspunkt besluttede vi at bygge et lille hus til Amma for at give hende mere privatliv. Ellers opsøgte vi hende hele tiden, og hun var nødt til at være tilgængelig for alle, der ønskede at møde hende døgnet rundt. Vi byggede derfor to små rum ovenpå, som Amma kunne bo i: ét værelse, hvor hun kunne sove, og et andet, hvor hun kunne tage imod besøgende. Værelset nedenunder brugte vi til at meditere i. I de første få måneder efter vi var færdige med byggeriet, nægtede Amma at flytte ud af sin lille hytte, fordi hun syntes, at disse to nye værelser var alt for luksuriøse til hende. Der var i virkeligheden tale om to meget simple rum. Til sidst gav Amma sig og flyttede ind i de to værelser, fordi vi blev ved med at plage hende om det.

Hver dag samledes vi alle i rummet nedenunder for at meditere. En dag var der en af *brahmacharierne* (mandlig discipel, der lever i cølibat), som begyndte at praktisere en særlig yogastilling, jeg aldrig før havde set. Med vidt opspilede øjne så jeg fascineret til, mens han sugede maven ind, så der opstod et dybt hulrum. Jeg var bestyrtet over, at kroppen var i stand til at gøre noget sådant!

Jeg tænkte: "Åh, du godeste! Hvad sker der her? Mens jeg chokeret stirrede på hans mave, der forsvandt, kom Amma gående ind og fik øje på mig, der så måbende til og meddelte: "Pigerne vil fra nu af sidde udenfor."

Fra da af begyndte vi få piger at sidde uden for meditationshallen på verandaen: Det var meget bedre at være udenfor med udsigt til kokospalmerne, det vidtstrakte sand og vådområderne (Backwaters). Derude i naturen plejede jeg at forestille mig, at Sri Krishna dansede foran mig lige uden for min rækkevidde – mens regndråberne faldt fra himlen mod jorden.

Jeg lærte, hvordan forestillingsevnen kan blive en af de største gaver, som kan føre os gennem langvarige perioder med meditation. Det er svært at opnå koncentration og fastholde den i lang tid, men når vi gør brug af vores forestillingsevne på en positiv måde, kan den føre os til højere og højere niveauer af spiritualitet.

Livet med Amma var lyksaligt og uden sammenligning med noget, jeg tidligere havde erfaret eller havde forestillet mig kunne eksistere. Alligevel var der også udfordrende perioder.

Selvom glæden ved spiritualitet er unik, findes der også et begreb i spiritualitet, der er kendt som 'sjælens mørke nat.' Det er et stadie, hvor man går igennem intense kvaler og er klemt mellem tilskyndelsen til at følge det verdslige liv og ønsket om at leve et spirituelt liv. Smerten opstår, fordi vi endnu ikke har omfavnet det spirituelle liv fuldstændigt. I denne periode ved vi, at der ikke findes nogen anden vej frem end den spirituelle rejse, men alligevel er vi stadig tilbøjelige til at blive trukket ned i en intens lidelse.

I løbet af de første få år med Amma følte jeg, at jeg gik igennem noget tilsvarende. Jeg husker, at jeg var for flov over det til at sige det til nogen. Jeg troede, at jeg var den eneste, som gennemgik dette, og jeg havde det frygteligt, fordi jeg troede, at ingen andre var i stand til at dykke så dybt eller have så forfærdelige følelser. Da jeg omsider indrømmede, hvad jeg gennemgik, for en anden af de vestlige tilhængere, fortalte han, at han selv havde prøvet præcis det samme i løbet af de to første år, han tilbragte sammen med sin første guru. Erkendelsen af at denne 'mørke nat' ikke er ualmindelig for spirituelt søgende hjalp mig til at bevæge mig ud af den.

Amma gør det klart, at der ikke kan rokkes ved ægte tro. Hvis den kan rokkes, er det ikke *virkelig* tro. Det gode ved det er, at når vi først er igennem dette stadie, kan vi aldrig miste vores tro på Gud. Der er en udbredt erfaring for, at de to første år, man lever på fuld tid i en ashram, er den hårdeste periode overhovedet. Det skyldes, at det nye liv kræver, at man er nødt til at vænne sig til en lang række ændringer.

Amma minder os om, at vi ikke er isolerede øer; alle er led i samme kæde. Vi vil alle opleve mange af de samme ting i livet, men bare på lidt forskellige måder.

I den smertefulde tid rådede Amma mig til, at jeg enten skulle udvikle en tilknytning til Amma eller en tilknytning til ashrammen. På forbløffende vis valgte jeg ashrammen.

Jeg var kommet for at leve sammen med Amma, fordi hun skulle guide mig som min guru. Det virkede som om, at alle andre var kommet for at bo i ashrammen for at have Amma som mor. Derfor havde de en langt mere kærlig moderlig nærhed til hende end jeg. Fordi jeg primært anså Amma for at være min guru, havde jeg en vis distance til hende. Jeg nærede en ærbødig frygt for Amma i kombination med kærlighed, fordi jeg netop så hende som min guru, og derfor følte jeg, at det var lettere at knytte et bånd til ashrammen. Nogle år senere fandt jeg ud af, at det aspekt, der kaldes *'bhaya bhakti'* (ærbødig frygt), er en nødvendig del af vores hengivenhed, som afholder os fra at opføre os for skødesløst over for guruen.

I løbet af de første 10 år rejste jeg sammen med Amma, uanset hvor hun tog hen. Da antallet af mennesker, som rejste sammen med os, begyndte at vokse, følte jeg, at det var bedre at blive og hjælpe med at passe den stadigt voksende ashram. Jeg tænkte, at jeg ville gøre større nytte ved at arbejde i ashrammen end ved at rejse rundt sammen med Amma og hundredvis af mennesker. Trods alt *var* ashrammen helt enkelt som Amma. Det siges, at ashrammen er som guruens krop, og det er virkelig sådan, jeg altid har oplevet det.

De fleste mennesker elsker at være fysisk i nærheden af Amma, men de har ikke nødvendigvis samme følelser for ashrammen. For mig begyndte det omvendt med, at jeg følte mig dybt forpligtet over for ashrammen. Da en dyb nåde udfoldede sig, fik jeg til sidst også chancen for at rejse og være i nærheden af Amma.

Amma vidste, at jeg var den type menneske, som holdt sig lidt på afstand af hende, så hun trak mig langsomt nærmere og nærmere, da hun vurderede, at tiden var inde. Måske oplevede hun også, at det var tid til, at hun arbejdede lidt dybere med mig.

Nu nærer jeg endda mere kærlighed til Amma end til ashrammen, men i virkeligheden er de én og samme ting. En ashram *er* essentielt set guruens krop, og Amritapuri er min himmel på jorden.

Kapitel 2

En barndom med mangofrugter og lyksalighed

Amma begynder uvægerligt at tale om sin barndom, så snart vi kører i bil med hende på vores rundrejser. Hendes ansigt lyser op i glæde, når hun erindrer, hvordan det var i gamle dage. Nogle gange undrer det mig, at hun så ofte vælger at tænke tilbage på gamle dage. Måske skyldes det, at man førhen i langt højere grad fulgte værdier, der knytter sig til uselviskhed og kærlighed.

Da Amma voksede op, var traditionelle værdier grundlaget for landsbyen og livet i familien. Hun siger, at alle fokuserede så meget på at give og dele, at de ikke havde brug for nogen andre former for spirituel praksis. Gang på gang vender hun tilbage til sin opvækst og omtaler den med glæde for at minde os om, at vi også skal holde fast i de værdier, der knytter sig til at give, dele og udvise uselviskhed og kærlighed, sådan at de bliver grundlaget for vores liv.

En gang forklarede Amma en tilhænger, hvordan hendes mor altid plejede at være i færd med at arbejde. Hendes mor sørgede for hønsene, ænderne, gederne og køerne. Hun tog sig af de små kokospalmetræer og lavede tråd af kokosskallen. Hun plantede mange ayurvediske lægeurter i forhaven og brugte planterne til at lave naturlægemidler, der kunne afhjælpe alle mulige former for helbredsproblemer, lige fra hoste og feber til hævelser på hænderne. Selvom Ammas mor ikke havde fået nogen uddannelse, var hun meget dygtig til at drive forretning, og hun tjente ofte dobbelt så mange penge som sin mand. Hun var hele tiden travlt beskæftiget med noget arbejde samtidig med, at hun drog omsorg for sin store familie. Trods alt det hårde arbejde var hun kærlig over for alle. Hendes fysiske arbejde var krævende, men den gang så man sine handlinger som en form for tilbedelse, og hun havde hele tiden Gud i sine tanker.

En barndom med mangofrugter og lyksalighed

Når Ammas mor lavede et måltid mad, plejede hun altid *som det første* at stille mad til side til naboerne eller andre, som måske var sultne. Hendes første tanke var altid at give noget til andre. Denne uselviske indstilling var naturlig den gang. Hvis der kom gæster, serverede man den bedste mad, man havde til rådighed, og børnene fik kun lov til at spise vand fra risen. Som protest plejede børnene nogle gange at stjæle ostemasse eller et par stykker kokosnød, som de blandede med sukker og i al hemmelighed spiste sammen. Hvis det blev opdaget, fik de en ordentlig omgang skældud.

Amma var altid klar til at gøre hvad som helst for at hjælpe til, når de fik gæster derhjemme. Nogle gange manglede der tørt brænde, og så klatrede hun op i kokospalmetræerne for at hente tørre blade, så de kunne tænde op og sætte vand over til en kop te. Når hendes mor indimellem ikke kunne finde hende, opdagede hun, at Amma sad oppe i et kokospalmetræ. Så skældte hun hende ud og sagde: "Der vil ikke være nogen andre, der vil gifte sig med dig, end en mand, som klatrer i kokospalmetræer!"

Amma var altid hurtig til at aflede opmærksomheden fra *det* emne.

Hvis der var bryllup i landsbyen, plejede alle at hjælpe til ved at give guldsmykker eller nogle penge for at sikre, at det unge par fik hjælp. Dengang pugede folk ikke ting sammen til dagen i morgen, men de gav hele tiden alt, hvad de havde.

Rige mennesker føler ofte, at de er frie til at gøre, hvad de har lyst til. Men det vil være meget svært for dem at finde nogen ægte glæde, medmindre de har dybere værdier som uselvisk kærlighed og villigheden til at arbejde hårdt og have den rette indstilling. De gamle værdier er i dag hastigt ved at smuldre både i Indien og resten af verden.

Ammas kultur og tilgang til spirituel forståelse er baseret på værdier, der knytter sig til glæden ved at give. Ved at være et fuldkomment eksempel, som vi kan efterligne, forsøger hun at holde disse værdier i live og sikre, at de ikke dør ud.

Ammas eget liv er et eksempel på idealet om ren uselviskhed. Måske siger hun til andre, at de skal tage sig et hvil, hvis de er syge, men hun gør det aldrig selv. Langt de fleste mennesker har for vane at forsøge at lette livet ved at vælge de hurtigste og mest bekvemme løsninger, hvor de kun tænker på, hvad de selv opnår. Modsat denne tendens forbliver Amma på den traditionelle rene vej, og hun går ikke på kompromis med sine værdier om kærlighed og medfølelse. Hun tænker kun på, hvad hun kan give.

Amma har altid set Guds under og skønhed overalt. Selv da hun var lille, vidste Amma, at Gud fandtes indeni alt: i væggene, i træerne, i planterne, i sommerfuglene, helt enkelt overalt. Hun erindrer, at hun plejede at fange guldsmede, sommerfugle, bier og fugle i skoven rundt omkring sit hjem. Nogle gange stak bierne og guldsmedene hende, når hun fangede dem, fordi de ikke vidste, at hun bare ønskede at synge sange for dem. Hun digtede spontant sange, mens hun lyksaligt dansede gennem skoven og fortalte historier til træerne og blomsterne. Hun talte med hele naturen som en nær ven, fordi det var, hvad naturen virkelig var for Amma.

Når vi sidder i bilen, og Amma får øje på en flod, så mindes hun, hvordan alle børnene plejede at svømme i vådområderne. Hvis de

Duften af ren kærlighed

ikke fik lov til at svømme, plejede pigerne at vade ud i floden og løfte deres kjoler op over knæene. På den måde kunne de komme ned i vandet, men stadig holde tøjet tørt, så mødrene ikke opdagede det.

Når det blæste op, plejede Amma som lille at skynde sig udenfor med de andre børn, mens de bad indtrængende om, at vinden ville blæse nogle mangofrugter ned på jorden. Bare lyden af vinden i træerne minder i dag Amma om disse uskyldige bønner.

I nutidens verden længes hele skabelsen efter at blive helbredt og berørt af det guddommelige – ikke kun mennesker længes, det gør Moder Jord også. Da Amma voksede op, levede folk i dyb forbindelse med naturen, og derfor formåede de at værdsætte, hvordan naturen hele tiden ofrer sig uselvisk og giver noget af sig selv til os. Men i dag forholder det sig omvendt: Vores mangel på ærbødighed har ført til en vedvarende ødelæggelse af naturen. For at beskytte den verden, vi lever i, er vi nødt til at genetablere de traditionelle værdier, der udspringer af omsorg og respekt for alle væsener.

Da Amma for få år siden besøgte Mauritius, insisterede hun på at tage hen og velsigne et hus og den familie, som ejede det. Familien boede der ikke længere, så huset stod tomt. Alle vi andre oplevede, at det var helt unødvendigt for Amma at gøre sig dette besvær. Amma havde lige givet darshan hele natten, og vi ønskede, at hun skulle hvile sig. Men hun insisterede.

Hun ville gerne tilbage til det sted, hvor hun for flere år siden havde opholdt sig, så hun kunne sige 'tak' til træerne og planterne og husets mure, der havde givet hende ly. Hun mindede os om, at vi aldrig skal glemme det grundlag, vi er kommet fra, og altid være taknemmelige for det.

Kapitel 3

Født til at opløfte menneskeheden

Helt fra begyndelsen vidste Amma, at formålet med hendes liv var at opløfte menneskeheden. Allerede da hun var en lille pige, begyndte hun at udtrykke sin overstrømmende kærlighed. Hun følte sig altid tilskyndet til at afhjælpe andres lidelse på hvilken som helst måde, hun kunne.

Amma ser Gud i alle ting. Derfor tilbragte hun en stor del af sin barndom i lyksalighed. Dog var hun også vidne til megen hjerteskærende lidelse, som skyldtes den kolossale fattigdom i hendes landsby.

Mange af landsbyens beboerne led under intense fysiske smerter, fordi de ikke havde råd til at bruge blot det mindste beløb på at købe smertestillende medicin. Der var forældre, som var nødt til at lade deres børn gå ud af skolen, fordi de ikke havde råd til at betale for det ene stykke papir, som skulle bruges til deres børns eksaminer.

De små huse, som de fleste landsbyboere levede i, var lavet af sammenvævede kokosblade, og hvert år var det nødvendigt at få repareret taget, særligt lige inden monsunen. Hvis familierne ikke havde råd til det, plejede regnen at strømme ned gennem taget. De mødre, som havde paraplyer, sad oppe hele natten og holdt dem hen over deres børn for at beskytte dem fra den tunge regn. Hvis det ikke lykkedes fiskerne at fange nogen fisk, hvilket ofte var tilfældet, fik disse stakkels beboere i landsbyen intet at spise.

Nogle af de gifte mænd druknede deres sorger i alkohol og spillede kort på stranden. Når de kom hjem, slog de deres koner. Til tider skabte forbipasserende fulde mænd en masse uro. Amma, som fik kendskab til alt dette, nærede et ønske om at sikre alle disse mennesker, og især kvinderne, så de i det mindste fik et lille hus med to værelser, der kunne beskytte dem.

Mange ældre mennesker opsøgte fortvivlet Amma, da hun var barn. Hun trøstede dem naturligt og spontant og lod dem græde ud ved sin skulder eller bryde sammen i sit skød. Hvis deres familier mistede interessen for at hjælpe dem, tog Amma de forsømte med sig hjem for at bade dem, give dem mad og sørge for, at de fik ordentligt tøj på.

Ved at tænke på andre glemte Amma sig selv og blev som en flod af kærlighed og medfølelse, der strømmede til de nødstedte og forvandlede deres smerte til håb. Hun skabte en ny og lysere fremtid for så mange af dem.

Amma oplevede, at den daglige smerte, andre led under, var som hendes egen smerte. Hun tænkte aldrig over, om de var mænd eller kvinder. Hun responderede bare helt spontant, når smerten kaldte på hendes hjerte. Hun bidrog med, hvad hun end havde eller kunne finde af mad eller penge, og nogle gange stjal hun fra sin egen familie for at hjælpe andre. Dette blev en kolossal belastning for familien.

Ammas søster husker: "Vores mor skældte aldrig Amma ud, når hun gav mad til de fattige, men Amma gav praktisk talt *alt*, hvad vi havde!" Hun tog hen for at besøge folk, og når hun kom tilbage derfra, tog hun, hvad end de havde brug for fra vores hjem. Hun gav dem ris, grøntsager, tøj, redskaber osv. Vi var endda bekymrede for den sæbe, vi brugte, når vi tog bad! Den gang anså vi det for at være tyveri. Nogle gange gik jeg ind på badeværelset for at smide den sæbe ud, som Amma havde brugt til at vaske de gamle med. Jeg syntes, det var så ulækkert, og kunne ikke bære at skulle bruge den samme sæbe, som de havde rørt ved. Vi plejede at fortælle vores mor om alt det, Amma havde gjort, og så blev hun straffet og endda slået. Det er først nu, vi har forstået, at det var velgørenhed, der blev affødt af ubetinget kærlighed. Jeg undskylder ofte over for Amma på grund af alt det, hun måtte gå igennem på grund af os, fordi vi ikke forstod hendes guddommelige natur."

Der var fire døtre i familien, og sådan som samfundets normer var på det tidspunkt, skulle kvinderne følge mange strikse regler: Kvinder skulle hverken ses eller høres. De måtte ikke tale højlydt – end ikke væggene måtte høre dem! Jorden skulle ikke mærke deres fodtrin. De skulle opføre sig stille og respektfuldt over for deres mænd og aldrig sige deres egen mening.

Amma og hendes søstre blev opdraget meget strengt. Deres mor fortalte dem, at de ikke måtte tale højlydt, løbe eller gå hurtigt. De måtte kun have en meget lille prik på panden og ikke en stor, og de skulle aldrig tiltrække sig opmærksomhed.

På grund af sin medfølelse ignorerede Amma det indiske samfunds strenge regler. Efterhånden som hun blev ældre, udviklede hun en adfærd, som i lyset af landsbyens standarder blev anset for at være endnu mere mærkelig. Hun brød ud af det jernbur, kvinder var fanget i dengang. Da hun begyndte at give darshan og omfavne fremmede, inklusive mænd, blev hendes familie og alle i landsbyen forfærdede. På dette tidspunkt var der mange af de mennesker, som Amma havde hjulpet i årevis, der forkastede hende. Hendes familie skal ikke bebrejdes for deres forfærdelse over Ammas opførsel. De var bekymrede for, om de kunne få alle fire døtre giftet bort, og de frygtede, at Ammas usædvanlige opførsel ville bringe skam over familiens navn.

Hvordan skulle de alle kunne vide, at Ammas mærkelige opførsel helt enkelt var et tegn på hendes storhed?

Den gang plejede *sannyasier* (hindu-munke) ofte at rejse fra landsby til landsby og undervise befolkningen i spiritualitet. Men Amma mødte aldrig nogen sannyasi i det lokale område, før hun var blevet omkring tyve år gammel. Hun accepterede tålmodigt sin families og landsbyboernes uvidenhed, fordi hun vidste, hvad hendes formål var, og hvad fremtiden ville bringe hende.

Sandheden er, at når en blomst springer ud og udstråler en udsøgt skønhed og duft, hvordan kan man så holde bierne væk?

Kapitel 4

Guruen fører os til Gud

Amma sidder ikke kun passivt og taler om spiritualitet. Hun udlever den hver dag og viser os et fuldkomment eksempel. Hendes handlinger er endnu mere kraftfulde end budskaberne i skrifterne. Hun er den levende essens i alle skrifterne. Den hellige historie om hendes liv eksemplificerer alle veje: karma (uselvisk handling), bhakti (hengivenhed) og jnana (viden) yoga.

Amma minder os om, at vi er *bestemt til* guddommelighed, og hun forsøger at vække længslen efter evig glæde indeni os. Gennem Guruens handlinger kan vi på en helt håndgribelig måde få øje på Gud. Sammen med Amma kan vi se og føle den guddommelige kærlighed og opleve den som vores *egen* erfaring.

Hele cyklussen af vores fysiske og spirituelle udvikling er fuldkommen planlagt. Derfor må vi lære at overgive os for at komme hinsides vores smerte og opnå den endegyldige tilstand af forening med det guddommelige. Det er i virkeligheden os selv, der skaber alle problemer gennem den negative indstilling i vores sind. Guruen skaber i sin rene medfølelse med os situationer, der ødelægger denne negativitet og afvikler vores ego, som gradvist bliver slidt ned.

Det minder om en spansk kvinde, som besøgte ashrammen og ikke forstod engelsk. Hun ønskede at købe noget sødt, så hun gik ind i caféen, hvor menuen udelukkende stod på engelsk. Hun købte et stykke kage, fordi der på skiltet stod 'uden ego'. Hun følte, at Amma udviste så stor medfølelse, at hun sørgede for en kage uden ego – selvom der på skiltet stod 'uden æg'! Vi ved aldrig på hvilke måder, hun arbejder på os...

Der findes en bevægende historie om en hengiven, som hver aften kom for at lytte til sin spirituelle mesters taler. Hele det første år ignorerede læreren fuldstændig denne discipel, selvom han altid kom til *satsang* (spirituel tale). Det frustrerede manden, at han hver dag blev ignoreret på den måde, og han blev endda vred, men han beherskede sin vrede og blev alligevel ved med at komme til talerne.

I begyndelsen af en tale, der blev afholdt i løbet af det andet år, gjorde mesteren en håndbevægelse og bad disciplen om at komme op og sidde foran sig. Nu troede manden, at han omsider ville få noget opmærksomhed, men mesteren fortsatte med vilje med at ignorere ham under hele talen.

Som tiden gik, blev disciplens vrede gradvist transformeret til en dybere og dybere sorg. Gennem denne proces smeltede disciplens ego gradvist, og hans sind blev fuldkommen stille. En dag, da disciplens sorg var på sit højeste, nærmede guruen sig. Han rørte nænsomt ved disciplens ansigt og så ham dybt ind i øjnene. I samme øjeblik blev disciplen oplyst gennem sin tålmodige og medfølende mesters nåde.

Det er først, når vores ego begynder at smelte og forsvinde, at vi bliver til intet og begynder at være noget. Amma siger, at det kun er på dette tidspunkt, at vi virkelig begynder at blive en del af alt.

Enhver af Ammas handlinger udtrykker hendes lære. Vi kan læse tusindvis af spirituelle bøger og lytte til hundredvis af moderne lærere, men kun nåden fra én, som har afsløret sjælens dybeste lag, vil føre os til målet. Intet andet kan virkelig få det til at ske.

Amma siger, at det ikke er hendes opgave at lære os alt. Det er op til os at tage ved lære af livet. Hun har fortalt os så mange spirituelle sandheder igen og igen og igen. Hun er en uudtømmelig kilde til visdom. Vi elsker at se på hende og høre hende give satsang, men de fleste af os tænker, at vi allerede ved det hele. Vi har læst alle mulige slags spirituelle bøger om enhver form for traditionel eller moderne spiritualitet. Men hvor mange af os har rent faktisk forsøgt at praktisere de spirituelle principper?

I det tiende århundrede var der en persisk storvesir, Abdul Kassem Ismael, som var så knyttet til sin viden, at han ikke kunne bære at være adskilt fra sit bibliotek med 117.000 bøger. Når han tog på rejse, blev han fulgt af en karavane med firehundrede kameler, som bar på alle hans bøger. Kamelerne var blevet trænet i at gå i alfabetisk orden, så det passede med de bøger, de bar på. Dette er en sand historie.

Guruen fører os til Gud

Selvom vi har al den viden, som findes i hele verden, er det vanskeligt at finde den frem i det rigtige øjeblik. Det er årsagen til, at vi har brug for en sand Mester som Amma, der kan guide os.

For nogle år siden var vi på en Indienstur på vej hen mod et event efter et stop ved vejkanten, hvor vi havde spist picnic med alle, der var med. Amma sad på gulvet i sin autocamper og lavede en origami papirbåd. Der var et barn sammen med hende, og hun bad ham om at være opmærksom. Hun forsøgte at lære ham, hvordan han skulle lave sin egen båd.

"Se nøje på den," sagde hun, mens hun pressede hver fold i papiret. Hun talte: "En, to, tre, fire...", mens hun foldede papiret tolv gange. Det krævede så mange folder at lave den lille papirbåd. Mens jeg betragtede det, indså jeg, at det er lige præcis det, den spirituelle Mester hjælper os med at gøre: viser os, hvordan vi kan gøre hver af vores handlinger, den ene efter den anden, til en smuk handling – måske endda til en båd, som vil sejle os hen over samsaras ocean (cyklussen af liv og død)!

Amma gentog disse trin to gange for den lille dreng, men til sidst ville han kun lege med båden. Han var ikke særlig interesseret i at lære, hvordan han skulle lave den. På mange måder er vi også sådan. Vi er langt mere ivrige efter at have det rart og lege, end vi er efter at være tålmodige og tage os tid, så vi lærer noget af de erfaringer, livet giver os. Heldigvis venter Amma tålmodigt på os, indtil vi er klar til at lære.

Amma er kendt for sin kolossale kærlighed, men jeg oplever, at hendes evne til at udvise tålmodighed er endnu mere fænomenal. Med hver eneste af sine handlinger videregiver hun uden ophør de budskaber, der formidles i skrifterne.

Kun en gudsrealiseret sjæl, der kender de vigtigste spirituelle principper, kan hjælpe os til at gå den spirituelle vej. Vi må være meget varsomme, når vi accepterer en spirituel mester, og aldrig slå os til tåls med noget mindre end nogen, som har erkendt den Højeste Sandhed. Der findes kun få af den slags mennesker. Nogle gange tøver vi med at opsøge dem. Vi er bange for at komme i nærheden af dem, fordi vi godt ved, at de kan se os helt blottede og få øje på grimme selviske tanker og tidligere handlinger. Men deres sind er så rent, og deres kærlighed er så altfavnende, at de kun ser et uskyldigt barns fejltagelser, når de betragter os.

Nogle mennesker nærer så stor kærlighed til Amma, at de spørger hende, om de skal forlade deres verdslige liv og flytte til ashrammen i Indien. Ammas svar til dem plejer for det meste at være, at der ikke er noget galt med at leve et almindeligt liv som husholder, så længe man holder sig det ultimative mål for øje. Amma siger, at vi, uanset hvor vi søger hen, skal huske at holde et lille rum åbent indeni os til vores virkelige hjem: vores virkelige hjem med Gud.

Kapitel 5

På sporet af ægte skønhed

Skønhed er blevet til noget, vi gør ved os selv, noget vi selv tager på udefra, nærmest som en maske. Amma er et eksempel på, hvordan man kan udstråle ægte skønhed indefra.

Amma siger: "Det er *uselviskhed*, der gør det muligt for skønheden at skinne gennem egoets skal og komme forbi den." Hendes skønhed består ikke kun af det, hun deler med os, når vi er sammen med hende, men også af de subtile lag af uudtalte tanker og følelser, hun inspirerer os til. Jo mere kærlighed og omsorg, vi udviser over for andre, des renere bliver vores hjerter, og des sødere er vores duft.

Amma er som en parfumefabrik, hvor verdens mest udsøgte dufte bliver fremstillet, og jeg har blot været så heldig, at jeg har fået lov til at arbejde i hendes fabrik, sådan at en lille smule af duften har smittet af på mig, ligesom det ganske sikkert også har været tilfældet for andre.

Når vi rejser, er der alle mulige forskellige slags mennesker, som bliver dybt berørt af Ammas guddommelige energi – de ansatte i flyselskaberne, rengøringsdamerne, sikkerhedsvagterne og forskellige andre passagerer og personalet i lufthavnen, hvoriblandt mange aldrig har haft mulighed for at modtage Ammas darshan. Da vi en gang var på vej for at flyve ud af Indien, kom der som sædvanligt en stor gruppe politimænd for at følge med Amma ud til flyet. Denne ekstra sikkerhedsforanstaltning er helt unødvendig, men den synes at være blevet alle politifolkenes yndlingsjob, og de kappes alle sammen om at komme i nærheden og gå ved siden af Amma.

Uanset hvor vi rejser hen, omgiver de Amma og forsøger at beskytte hende fra folkemængden, selvom der slet ikke er nogen! Til trods for at jeg plejer at gå lige ved siden af Amma, er jeg ikke på listen over personer, der er vigtige at ledsage, og ofte virker det til, at jeg er usynlig for dem. Nogle gange er jeg nødt til at kæmpe mig vej igennem dem for at holde trit med Amma. Hun venter ofte på mig, men nogle gange kan jeg bare ikke nå at følge med hende.

En gang havde nogle politifolk med stor glæde hurtigt ført Amma væk og efterladt mig i færd med at samle vores tasker i sikkerhedskontrollen. Jeg forsøgte at indhente hende, men det endte med, at jeg var blevet nogle minutter forsinket. Til mit held havde Amma efterladt et spor, jeg kunne følge, et spor af glade mennesker, som var fyldt af lyksalighed. Langs hele den lille rute, jeg gik, blev jeg ved med at møde mennesker, som udviste så overstrømmende glæde, at jeg var helt sikker på, i hvilken retning Amma var gået!

For det meste er jeg sammen med Amma, mens vi hurtigt baner os vej gennem menneskemængden, så derfor kan jeg se, hvor bevægede folk er, når de møder Amma. Men jeg får ikke altid oplevet de varige virkninger af deres møder med hende. Mens jeg denne dag gik for mig selv, fik jeg lejlighed til at opleve den ekstase, hun skænkede til alle, der kom i kontakt med hende. Det var som at opleve en bølge af glæde i hendes kølvand.

Amma er ikke kun i stand til at inspirere os ved sin darshan, men også helt enkelt ved et blik, et smil eller en berøring. Ammas glæde strømmer hen til os, bare vi opholder os i nærheden af hende.

En morgen, mens vi befandt os ved et *Brahmasthanam* (tempel med en guddom bestående af fire sider, som Amma har skabt) event i Bangalore, bad Amma de hengivne om at forestille sig, at de hældte yoghurt, ghee (klaret smør) og rosenvand hen over fødderne på den guddommelige form, de tilbad. Mens alle sad med lukkede øjne og var dybt opslugt i indre kontemplation, tog Amma en rose, som lå på den ene side af hendes *peetham* (forhøjet platform, hvor guruen sidder) og flyttede den over til den anden side. Mens hun lagde den ned, viste hun, hvordan man kan anbringe en rose ved fødderne af den guddommelige form, man tilbeder.

Der var kun én ung kvinde blandt publikum, som sad med åbne øjne. I stedet for at lukke sine øjne kiggede hun henført i ekstase op på Amma. Hun holdt et lille sovende barn ved sin skulder. Ammas gavtyvagtige blik mødte hendes, og hendes ansigt lyste op i glæde. Det var så elskeligt et smil, Amma sendte hende, og den unge kvinde blandt publikum var den eneste, der så det. Hun trykkede bevæget sit barn ind til sig og lukkede lyksaligt sine øjne i et par sekunder. Så åbnede hun øjnene igen og strålede af overstrømmende og boblende glæde.

Jeg bemærkede denne udveksling af blikke og blev også dybt berørt af det henrykkende øjeblik, hvor Amma kastede en pil direkte ind i et hjerte. Hun hjalp denne tilhænger til at opleve den dybe lyksalighed, som findes inde i hendes eget Selv. Jeg følte så dyb glæde, ved at denne unge mor var i stand til at dele et så personligt og hjertevarmende øjeblik med Amma. Højst sandsynligt havde hun været nødt til at ofre meget bare for at komme og se Amma til dette ene event.

Det var smukt for mig at være vidne til kvindens glæde. Jeg oplevede næsten lige så stor en glæde, som hun gjorde! Vi skal forsøge at opleve vores egen glæde gennem andres glæde. Det behøver ikke engang at være os selv, der får darshan. Vi kan dele erfaringen og opleve den samme glæde ved at være i Ammas nærvær og betragte den virkning, hun har på alle omkring sig. Amma finder en måde, hvorpå hun på den ene eller anden måde kan åbne alles hjerter.

Amma bruger hvert sekund af sin tilværelse på at se skønheden og den ægte virkelighed i alt. Hun ser det guddommelige eksistere i alle og alt, og hun gør sit yderste for at dele denne erkendelse med os. Hun ønsker kun det bedste for os. Hun ønsker at tage os med til det sted, hvor hun dvæler og hjælpe os til at erfare virkeligheden ligesom hun selv gør. Det er årsagen til, at Amma er så smuk – fordi hendes medfølelse stråler gennem hvert eneste blik. Hendes øjne funkler altid af guddommeligt lys.

Kapitel 6

Den forstående moder

Amma ser dybt ind i hvert eneste menneske, der kommer for at møde hende. Hun ser, at deres ego og problemer udelukkende er opstået på grund af en smerte, de har oplevet en gang i fortiden. Mens vi måske affærdiger en bestemt person som værende ubehagelig eller frustrerende, møder Amma i stedet denne person med en kærlighed, der får smerten til at forsvinde. Dette er skønheden i den, Amma er, og det, hun giver os. Hun forstår os på en langt dybere måde, end vi nogensinde kan begribe.

På min halvtreds års fødselsdag var vi på vej til et event, da Amma pludselig vendte sig om mod mig og spurgte: "Hvilken dato er det i dag?" Jeg svarede, at jeg ikke vidste det. Så spurgte Amma Swamiji. Han havde heller ingen anelse om det. Jeg spurgte chaufføren, som godt

vidste, hvilken dato det var. "Åh!" udbrød jeg...
Ordet fløj bare ud af munden på mig.

Amma spurgte mig, hvad der var i vejen. Jeg svarede: "Amma, det er min halvtreds års fødselsdag i dag, og det var jeg slet ikke klar over." Senere var der nogen, der fandt ud af, at det var min fødselsdag, og de sørgede for en kage og en særlig darshan på fødselsdagen. På daværende tidspunkt var denne oplevelse en smuk overraskelse, men at fejre min fødselsdag er noget, jeg normalt aldrig ville gøre. I virkeligheden er det ikke meningen, at munke og nonner fejrer fødselsdage, og jeg ville aldrig med vilje minde Amma om, at det var min fødselsdag. Men nu virker det til min store forfærdelse til, at alle kender dagen for min fødselsdag!

Nogle år senere var der nogle mennesker, som besluttede sig for, at de igen ville sørge for, at min fødselsdag blev fejret. Da jeg havde det på fornemmelsen, sagde jeg flere gange i forvejen, at jeg *ikke* ønskede, at de gjorde noget specielt ud af den dag.

Men folk bliver fanget af fødselsdagsånden. Der blev forberedt en kage, og jeg fik at vide, at jeg skulle gå op til Amma og få darshan. Jeg blev så vred, da jeg fandt ud af det, at jeg nægtede at gå op på scenen. Amma havde ekstremt travlt den dag, og en stor folkemængde var kommet til programmet. Disse urostiftere, der forsøgte at fejre fødselsdagen, gik op på scenen for at spørge Amma, om hun ville kalde på mig. Amma så mærkeligt på dem og bemærkede: "Jeg ved ikke, om hun vil bryde sig om det. I skal sige til hende, at hun ikke behøver at komme, hvis hun ikke har lyst til det."

Da de fortalte mig, hvad Amma havde sagt, følte jeg en utrolig stor glæde. Det mindede mig om, at der i det mindste er *et* menneske, som virkelig forstår mig. Amma kender mine følelser, når det handler om at fejre fødselsdage. At vide at Amma oprigtigt forstår mig, selvom ingen andre gør, er den største gave, jeg nogensinde kunne have modtaget.

Amma er vores alles Moder, og hun accepterer alle væsener, giver dem næring og møder alle med akkurat samme oprigtige omsorg. Hun lytter til hver eneste detalje og anerkender hvert aspekt af en person og dennes følelser, både dem, de er bevidste om såvel som de dybe underliggende følelser.

Når Amma nogle gange, mens hun giver satsang, begynder at fortælle en historie, kan vi måske tænke: "Åh, den historie har jeg hørt før." Men hvis vi alligevel åbner os og lytter opmærksomt efter, forstår vi ting på nye niveauer hver gang, vi hører historien. Nogle gange tager det årevis for os at indse, at Amma giver os svar på noget inde i os, som er langt dybere, end vi nogensinde kunne have forestillet os. Noget, som er langt dybere end de overfladiske lag, vi sædvanligvis befinder os i.

Amma forstår folk bedre end deres egne forældre gør. Forældre elsker måske deres børn, men det betyder ikke, at de virkelig forstår dem. Jeg kender en teenager, som havde et ønske, han ikke havde fået opfyldt. Han havde fået hul i ørerne og gik med nogle små øreringe, men han ønskede sig et par øreringe, som var større og mere moderne. Han spurgte sin far og mor, om han ikke godt måtte få et par større øreringe.

De svarede: "Nej... absolut ikke." De var fuldstændig imod den idé. En dag, hvor han gik til darshan hos Amma, sagde hun til ham: "Åh, hvor er det nogle flotte øreringe, du har på. Men tror du ikke, at det ville klæde dig bedre med nogle, der var lidt større?" Drengen blev meget glad, og han sagde til sine forældre: "Kan I ikke se, at Amma forstår mig langt bedre, end I gør!"

Amma havde tunet sig ind på ham og hans ønsker. Det sker hele tiden, fordi Amma bliver ét med essensen af den, vi virkelig er. Fordi hun kender sig selv, ved hun også, hvem vi er. Vi ved slet ikke, hvem vi virkelig er. Alt, hvad vi kender til, er de tanker og følelser, som altid overskygger vores sind. De overtager os og siger: "Det er den, du er: Du er for tyk eller for tynd, du er for mørk eller for lys, du har den forkerte hårfarve…" Amma ved, hvem vi virkelig er, og kender os langt dybere, end vi selv gør, helt ned i selve vores cellers struktur. Tvivl aldrig på det.

Der er sytten tusind studerende på Ammas universitet i Indien. På et tidspunkt var der en af de studerende, der boede på kollegiet, som sagde til de andre studerende: "Det er ligesom at være i et fængsel her. Man kan ikke lave noget sjovt, det er som at være i fængsel." Allerede næste gang han kom til darshan hos Amma, spurgte hun ham: "Hvordan er der i fængslet?" Helt på eget initiativ bragte hun emnet på bane.

Han var overvældet, helt overvældet, over, at Amma var i stand til at forstå hans måde at opleve det på. Det ændrede fuldstændigt hans oplevelse, og bagefter var han i stand til at tilpasse sig og følge alle reglerne. Han vidste, at der virkelig var et sted, hvor han altid ville kunne gå hen og møde fuldstændig forståelse. Et sted, hvor han kunne blive forstået bedre end af sine forældre og endda dybere end af sine bedste venner.

Amma omfavner og modtager hver eneste del af os, helt ind i de dybeste lag af vores mørkeste skygger. Hun forstår os bedre, end vi selv formår. Hun ser og accepterer os fuldstændigt, som vi er, og lytter til alle vores tanker og ønsker uden nogen projektioner, fordi hun er uden tilknytninger og ikke tænker på sine egne følelser. Hun når dybderne i vores reneste sjæl og gør det muligt for denne smukkeste del af os at skimte dagens lys.

Kapitel 7

Duften af kærlighed

Amma elsker os mere, end vi nogensinde bliver i stand til at forestille os. Hun rækker ud efter os og minder os om, at "i alle mennesker findes der en stemme, som længselsfuldt kalder på at opleve sødmen i den rene kærlighed, men den bliver overhørt. Vi bliver født til at opleve ren kærlighed, og vores rigdom er at opleve ren kærlighed, men oplevelsen af ren kærlighed er i virkeligheden den mest sjældne ting i denne verden." Ved at komme og lytte til denne stemme indeni os og give den et svar, vækker Amma et håb. Hun giver os den kærlighed, vi oprigtigt længes efter.

Jeg husker engang, hvor Amma, mens vi rejste rundt i Indien, talte i telefon med en tilhænger, der var ramt af kræft. Amma var begyndt at græde en lille smule, så denne tilhænger forsøgte at opmuntre hende i den anden ende af røret.

Alligevel trillede tårer af medfølelse stadig ned ad hendes kinder. Tilhængeren blev ved med at sige: "Det er okay Amma. Jeg kan mærke din nåde. Det er okay."

Da de var færdige med at tale sammen i telefonen, havde Amma stadig tårer i øjnene. Jeg sad ved siden af hende og tænkte ved mig selv: "Hvorfor er Amma så ked af det? Hun har erfaret sandheden: at denne krop ikke er evig." Jeg sagde til hende: "Amma, du kender godt sandheden…"

Jeg var i færd med at give Amma en påmindelse om Vedanta. Amma så på mig og svarede: "Det ved jeg godt… *men jeg føler deres smerte!*"

Det fik mig til at tie stille i et stykke tid. Jeg skammede mig sådan over mig selv. Jeg gik ind i min egen dybe overvejelse af, hvordan Ammas storhed ikke kun består i, at hun har opnået en gudsrealiseret tilstand, men også har bevæget sig langt hinsides denne tilstand for at dedikere sig til et liv med en medfølelse, hvor hun ser alle overalt omkring sig som et spejl af sig selv.

Mens jeg sad tavst i bilens mørke, var det nu min tur til i stilhed at fælde tårer.

Le parfum de l'Amour

Mens jeg kiggede på Amma, blev jeg mindet om et stjerneskud af medfølelse, som bevæger sig langt hinsides alt og kommer tilbage til jorden på vores niveau for at opfylde vores ønsker - med velsignelser. Hun forsøger at lære os, hvordan vi skal leve et liv med medfølelse.

En nat, efter vi var færdige med et Brahmasthanam-program i Mangalore, var der en tilhænger, som ventede på Amma blandt alle de andre. Amma havde slet ikke sovet. Hun havde lige akkurat tid nok til at tage sig et bad og skifte tøj, før hun skulle afsted til det næste program. Vi havde en lang køretur til Hyderabad foran os.

Denne tilhænger havde grædt i et stykke tid. Han havde arbejdet i døgndrift i de tre dage, programmet havde varet, hvor han lavede *seva* (tjeneste) ved at arrangere overnatning for alle de tilhængere, der strømmede til for at møde Amma. Han havde ikke været i stand til at komme indenfor og deltage i programmet, fordi politiet havde lukket ashrammens porte på grund af de store folkemængder. Han troede, at han var gået glip af Ammas darshan, og derfor græd han dybt fortvivlet.

Duften af ren kærlighed

Da tilhængerne fortalte hende, at han havde arbejdet så hårdt og ikke havde fået hendes darshan, glemte Amma sin egen udmattelse og smerte og skyndte sig hen til ham og gav ham en vidunderlig omfavnelse, hvor hun holdt ham tæt ind til sig i lang tid.

Til sidst mistede han bevidstheden, fordi han var blevet så overvældet af Ammas kærlighed og medfølelse. Da han besvimede, satte Amma sig ned på trappetrinnet og holdt om ham, mens hun kaldte på nogen, der kunne hente kokosmælk til ham. Han forsøgte at rejse sig op, men hun insisterede på, at han skulle vente og drikke kokosmælken først. Han kunne knap tro sit eget held, eller at Amma kunne vise ham den medfølelse og give ham så lang en omfavnelse.

Så indså jeg, at det måske er årsagen til, at Amma kun giver nogle mennesker i Indien en darshan, der varer ét sekund. For hvis det tog længere tid, ville det ligesom for denne mand kunne blive for meget for dem! På et enkelt sekund formår Amma at give os helt og aldeles alt.

Le parfum de l'Amour

Præcis ligesom Kuchela kun fik lov til at ofre en enkelt mundfuld rispops til Sri Krishna, behøver vi også kun at modtage Ammas darshan i ét sekund, for at hengivenhedens vej kan udfolde sig foran os. En vej, som indeholder al den spirituelle rigdom, livet kan tilbyde os.

Traditionelt siges det, at Radha kun så Krishna én enkelt gang ved Yamunafloden. Fra dette tidspunkt elskede hun ham for evigt, og hun fik forbindelse til ham i sit hjerte. Selvom vi kun har fået én enkelt darshan af Amma, vil hun aldrig glemme os og i al evighed elske os meget dybt.

Amma siger: "Hvis ikke dit hjerte kan smelte i medfølelse med andre, vil du aldrig erkende den virkelige og sande betydning af ordet 'Kærlighed'. Det vil bare være et ord i ordbogen." Vi må lære at åbne vores hjerte ligesom Amma. Der findes ingen grænser for hende. Hun smelter ind i alle. Der findes intet, der er adskilt fra hende.

Hvis vi kan relatere os til andres lidelse og fryde os ved deres glæde… se glæden i en andens darshan, som var det vores egen, vil vores vej til himlen blive belagt med rosenblade. Det er en meget vanskelig ting at gøre. Det er årsagen til, at Amma konstant minder os om: "Vi er hele tiden begyndere."

Amma er en strøm af kærlighed. Hver eneste dag gør hun sig de største anstrengelser for at lade så meget kærlighed og opmærksomhed som muligt strømme ind i alle. Amma er en gudinde, der lever blandt os og tæt sammen med os som et almindeligt menneske, men som elsker os alle på en ekstraordinær og forunderlig måde.

Kapitel 8

En fuldkommen mesters kærlighed

Den stærkeste kraft på denne jord er den kærlighed, som en gudsrealiseret sjæl kan have for os. De elsker os så rent og ønsker intet for sig selv. De ofrer deres liv for at frigøre os. Intet, absolut intet sted i verden vil vi nogensinde finde noget mere smukt, givende og troværdigt end den kærlighed, en fuldkommen mester nærer til os.

Da Herren Buddha opnåede oplysning siges det, at han ikke ønskede at forlade den lyksalige tilstand. Men så snart han lagde sin håndflade på jorden, bad jorden på vegne af hver eneste sjæl, som var blevet legemliggjort, om, at han skulle undervise alle væsener i at finde vejen ud af lidelse. Hvad andet kunne Buddha gøre end at komme tilbage?

Duften af ren kærlighed

Det er ægte kærlighed, en kærlighed der er så ærlig og oprigtig, at de fleste af os sjældent møder den selv i en drøm. Meget få af os er heldige nok til at opleve den slags kærlighed i vågen tilstand. Vi er meget sjældent klar til, eller endog i stand til, at modtage denne kærlighed, endsige at give den.

Det siges, at det største offer for en mahatma, er at komme ned til denne jord og leve sammen med alle os, som ikke er bevidste. Men det offer, er de villige til at yde. Som ung havde Herren Buddha nogle fjender, der var utrolig misundelige på ham og ønskede at så tvivl om ham. De sendte tidens mest berømte kurtisane hen til ham. Buddha elskede hende, som han elskede alle, men han så på hende med faderlig kærlighed.

Selvom kurtisanen var meget smuk, var hendes sind ikke længere fyldt med uskyld. Hun forsøgte at tilbyde sig selv til Herren Buddha. Med guddommelig renhed smilede han tilbage til hende. Han afviste hendes romantiske invitation og svarede: "Jeg vil elske dig, når ingen andre elsker dig. Jeg vil elske dig, når enhver anden kærlighed har forladt dig." Det blev hun meget vred over at høre, og hun gik sin vej.

L'Amour d'un Maître parfait

Fyrre år senere nærmede Buddha sig sin død. Mens han liggende på en båre af træ blev ført til sit endelige hvilested, fik han øje på en skikkelse klædt i pjalter, som lå sammenkrøbet nede ved en mur lige i nærheden. Det var en spedalsk gammel pukkelrygget kvinde, hvis ansigt var halvt fortæret.

Buddha bad de hjælpere, som bar ham, om at standse. Langsomt steg han ned fra sin båre og gik hen til kvinden. Han tog hende stilfærdigt i sine arme og omfavnede hende kærligt, mens han mindede hende om, at han havde sagt, at han *altid* ville elske hende.

Det er denne slags kærlighed, Amma føler for os. En universel kærlighed, som går langt hinsides alle grænser. Gennem alle sine handlinger minder hun os hele tiden om, at hun altid vil være der for at elske og beskytte os.

Amma går ned på vores niveau og giver sig ud for at være ligesom os for at føre os til noget højere. Det er en guddommelig leg. Amma behøver ikke at gå igennem alle de vanskeligheder, hun påtager sig for vores skyld. Hun kommer igen og igen dag efter dag, uanset hvordan hun har det, og ofrer sig selv på enhver mulig måde. Uanset hvilken stor guru gennem historien, vi ser på, vil vi så være i stand til at finde én, der har gjort bare tilnærmelsesvist lige så meget? Jeg tror det næppe.

Ammas kærlighed, den moderlige kærlighed, hun føler for os, er utrættelig, og hun er hele tiden parat til at vejlede os, underholde os og synge smukke bhajans for os. Hvis vi ikke formår at indoptage hendes lære gennem de tanker og ord, hun deler med os under satsang eller ved individuel vejledning, kan vi lære det gennem hendes bhajans eller ved at betragte hendes handlinger.

Der var et år, mens vi var i Calcutta, hvor Amma besluttede sig for at gå ud på gaderne og samle affald op, efter at hun var blevet færdig med at give darshan. På den måde hjalp hun Amala Bharata-kampagnen for et rent Indien.

Amma, som er begrænset af et meget stramt tidsskema, er sjældent personligt i stand til at gå ud og deltage i sine mange velgørende projekter, men ved denne lejlighed, var programmet færdigt allerede kort efter kl. 22, hvilket er tidligt for Amma. Selvom hun lige havde siddet elleve timer i træk og givet darshan, tilbragte hun entusiastisk natten med at gøre rent i Calcuttas gader sammen med et hold af dedikerede hjælpere. Efter en lang dag var dette måden, hvorpå hun ønskede at hvile sig og slappe af: ved at samle affald op fra gaden.

Udstyret med handsker og masker gik vi ud på den svagt oplyste gade. De fleste menneskers hjerter bankede lidt hurtigere i en blanding af spænding, glæde ved uselvisk tjeneste og et strejf af frygt for, hvad der ville dukke op, når vi dykkede ned i mange års skidt, som dækkede gaden i et tykt lag.

Da vi nåede hen til det sted, hvor vi skulle begynde at gøre rent, gik Amma hurtigt i gang med at samle affaldet op og skovle det ned i sække, som blev kastet op på en lastbil. Hun bad mig om at blive i nærheden af sig. Alle mine store planer om at kaste mig over affaldet gik i vasken, da det gik op for mig, at jeg var nødt til at holde mindst én hånd ren for at sørge for, at Ammas sari ikke faldt ned i snavs og skidt, og for at jeg kunne hjælpe hende op igen, når hun havde siddet på jorden.

Det, der kom fuldstændigt bag på mig, var, at hver gang jeg forsøgte at hjælpe hende med at rejse sig, havde Amma allerede selv rejst sig op, uden nogen hjælp overhovedet! Jeg var helt og aldeles chokeret. Hun rejste sig lige så hurtigt, som en atlet ville have været i stand til at gøre.

Jeg tænkte over, hvor stive og ømme hendes benmuskler måtte være blevet, efter at hun i timevis havde siddet med benene i skrædderstilling på scenen, mens hun gav satsang, sang bhajans og siden gav darshan hele dagen og aftenen, uden at hun overhovedet havde nogen chance for at bevæge sig, men det virkede ikke til at være tilfældet.

Jeg forsøgte at øge min koncentration, så jeg hurtigere kunne nå frem i tide og hjælpe hende til at komme op, men uanset hvor meget jeg prøvede, var jeg slet ikke i stand til at hjælpe hende.

Det gav mig virkelig en indsigt i, hvilken utrolig kraft og energi, den ægte kærlighed kan generere, når vi har en dedikeret og opmærksom indstilling. Gennem sine tjenende handlinger viser Amma os hele tiden på så mange andre måder, hvordan vi også kan blive kraftfulde energicentraler, når vi virkelig forsøger. Amma siger: "Hvor der er kærlighed, findes der ingen anstrengelse." Hun er et levende eksempel på disse ord.

Når vi betragter hende, kan vi se, at *alt* hvad Amma gør, er indbegrebet af den kærlighed og medfølelse, hun nærer for os. Det er det, hun viser os, når hun sidder og giver darshan uden at rejse sig og nogle gange bliver ved over fireogtyve timer i træk. Hun omfavner alle, der kommer for at møde hende, uanset hvem det er og hvilket tidspunkt eller sted, der er tale om. Hun relaterer sig til folk som en fortrolig, lytter til deres historier, beklagelser, sorger og problemer. Det er ligegyldigt, om hun er træt eller syg. Hun tager sig altid tid til andre og lader deres behov komme før sine egne.

Alt, hvad en fuldkommen Mester gør, sker udelukkende for at gavne *os*. Det er Ammas ønske, at hun på hvilken som helst måde, det end er muligt, kan ofre sig selv og sit liv, for at andre kan opleve fornemmelsen af glæde og fred i sindet.

Kapitel 9

At transformere sten til guld

Vi modtager så mange velsignelser, så mange gode råd og så meget dyrebar vejledning her i livet, særligt fra Amma. Hun lader hele tiden nåden strømme ned over os, men alligevel går der ofte lang tid, før vi forandrer os. *Mahatmaer* (store sjæle) kommer her til verden for at inspirere os til at udvikle os. De lever deres liv som store eksempler, vi kan følge, men de tvinger os ikke til at forbedre os. Det må vi selv gøre.

Når mahatmaer indvier et tempel, indgyder de en levende kraft i stenfiguren ved deres *sankalpa* (skabende vilje) og ånde. Når Amma udfører *Pratishta* (indvielse) ceremonier, indgyder hun *pranisk* (energi) livskraft i en ubevægelig sten. Ved disse lejligheder kan alle mærke de kraftfulde vibrationer i atmosfæren, og vi får lejlighed til at opleve, hvor utrolig kraftfuld Ammas energi er.

Det er trist at tænke over, hvordan en livløs sten er langt mere modtagelig for Ammas velsignelser, end vi mennesker er. Hun overfører den samme energi, hver gang hun giver darshan til os, men hvor lang tid skal der ikke til, før vi forandrer os.

Livet vil ikke behandle os med samme tålmodighed, som Amma gør. Det vil forsøge at få os til at forandre os hurtigere. Det er årsagen til, at smerten kommer ind i vores liv: *for at tvinge os til udvikling.* Vi kan ikke altid få smerten til at gå væk, men i stedet har vi chancen for at omdanne vores lidelse til noget positivt. Amma hjælper os til at finde den iboende styrke indeni, der gør os i stand til at klare alt. Hun fjerner mørket ved at lade kærlighedens og opmærksomhedens lys skinne på os.

Mens vi var ved en event i New York for nogle få år siden, var der en af de lokale tilhængere, som fortalte mig en forbløffende historie om, hvad hendes datter havde været ude for. Moderen var dybt hengiven over for Amma, men hendes to børn nærede ikke samme hengivenhed.

De syntes snarere, at det var underligt, at deres mor elskede Amma så højt. Kun for at glæde deres mor kom de modstræbende med til Ammas event i New York.

Desværre fik datteren stjålet sin pung, mens hun sad i mængden. Hun blev virkelig ophidset over det, fordi der lå rigtig mange penge i den. Hun var overbevist om, at den skyldige var en hjemløs mand, som havde siddet i nærheden af hende, men hun kunne ikke bevise det.

Hendes mor vidste, at der ikke var noget at gøre ved det. Hun bad sin datter om at forsøge at glemme det, og de skiltes i et stykke tid. En halv time senere fandt datteren sin mor igen og var ved at boble over af begejstring.

Hun sagde: "Mor, du vil ikke kunne tro på det, der lige er sket!" Så fortsatte hun sin forklaring og sagde, at da hun var gået ovenpå, var den hjemløse mand kommet hen til hende. Han havde pungen i hånden og gav hende den tilbage, mens han undskyldte for at have taget den.

Han forklarede hende, at da han havde siddet og kigget op på Amma, havde hun lige pludselig vendt sig over imod ham og fortalt ham, at det han gjorde, var forkert. Han skulle give pungen tilbage, undskylde og aldrig i sit liv gøre sådan noget igen. Manden tilstod, at han følte, at hans liv virkelig var blevet forandret af denne oplevelse, og datteren udviklede også et nyt syn på Amma.

Amma underviser os i, hvordan vi kan skabe et stærkt fundament af værdier og gode egenskaber. Fra dette fundament skal vi udvikle nogle positive adfærdsmønstre, som vi praktiserer: Vi skal følge et værdisæt, som udgør drivkraften bag vores intentioner, beslutninger og handlinger. Det er helt op til os, hvad vi får ud af at befinde os i nærheden af Amma. Det vil være forskelligt alt afhængigt af vores indstilling og handlinger.

Et år var det utrolig koldt i Alexandra Palace, hvor eventet i London blev afholdt. En kvindelig tilhænger sad og frøs på en stol, og selvom hun havde et varmt uldsjal omkring sig, rystede hun alligevel af kulde. En lille pige sad ved siden med endnu mindre varmt tøj på, og det var tydeligt, at hun virkelig frøs.

Tilhængeren tænkte: "Hun fryser mere, end jeg gør… Jeg burde virkelig låne hende mit sjal," men hun frøs også selv virkelig meget. Til sidst vandt medfølelsen. Hun fjernede sit sjal og lagde det om pigens skuldre. På det tidspunkt holdt de begge to op med at skælve af kulde.

Resten af aftenen blev de begge ved med at holde varmen. Pigen forsøgte at give sjalet tilbage til kvinden en gang hvert tyvende minut, fordi hun følte sig ret skyldig over, at hun nok frøs, men kvinden mærkede ikke længere kulden.

Indeni os har vi kraften til at forandre os selv og verden. Når vi beslutter os for at udføre gode handlinger, vil det bidrage til at vække forandringens kraft indeni os, også selvom vores indstilling ikke er den rette endnu, og som følge heraf vil nåden ganske sikkert begynde at strømme i vores retning.

Folk opsøger en mahatma med forventningen om, at det er muligt at få alle former for mirakler til at ske - for sig selv og for verden. De forventer, at de er som superhelte, der kaster et net af fortryllelse ud og forandrer alting. Og alligevel *er* mahatmaer som Amma virkelig superhelte! Hun indgyder den inspiration i os, som hjælper os til at gå ad sandhedens og dharmaens (den retfærdige handlings) vej. Hun kan ikke tage vores skridt for os, men hun opmuntrer os konstant til at følge den rigtige retning, og hun påminder os om det lige så snart, vi går den forkerte vej. Amma giver os et kort, der vil føre os til det ultimative mål, som er gudsrealisering.

Intentionen bag hvert eneste af Ammas ord og handlinger er at inspirere os til gode handlinger. Disse positive handlinger vil skabe god *karma* (kædevirkning) og ophæve noget af den lidelse, som vi måske bliver tvunget til at erfare på grund af dårlige valg i fortiden. Ammas nærvær gør det muligt for os at indoptage traditionelle værdier, som ikke er så lette at lære i nutidens verden. Hun inspirerer os til at gøre gode handlinger, så vi kan nå vores fulde potentiale som mennesker.

Kapitel 10

Seva - kærlighedens alkymi

Sidder man og betragter Amma, mens hun giver darshan, kan man nemt komme til at tro, at Amma har brug for at have mange mennesker omkring sig for at få hjælp, men i virkeligheden giver hun os en mulighed for at tjene, så *vi selv* kan lære noget. Det er hendes nådegave, at hun lader os tjene andre, fordi vi på denne måde bliver hjulpet til at udvikle vores opmærksomhed, og det handler slet ikke om, at hun har brug for vores hjælp. Hun er helt og aldeles i stand til at gøre alting selv.

Nogle gange afholder Amma en strejke, hvor hun nægter at lade os tjene hende, og det er kun for, at hun på den måde kan lære os en vigtig lektie. Hun kan finde på at forbyde os alle sammen at komme ind på sit værelse, låse døren og beslutte sig for at gøre alting selv. Et par dage laver hun sin egen mad, gør rent på sit værelse og vasker sit tøj på en brøkdel af den tid, det tager enhver anden af os at gøre det. Amma minder os om, at hun ikke har brug for noget fra vores side, men at det er os, som har mange værdifulde lektier at lære.

Amma minder os ofte om "Det er ikke det, vi har været i stand til at modtage, men det, vi har været i stand til at give, som hjælper os til at opleve den ægte skønhed i livet. Hvis vi nøjes med at tage fra verden, vil vi i sidste ende fjerne os fra vores eget sande Selv."

Jeg læste en historie om en mand, hvis kone var død otte år tidligere. Han gennemgik en lang periode, hvor han var deprimeret og næsten selvmordstruet. Det eneste positive, der var tilbage i hans liv, var hans arbejde som læge i et lille lægehus.

Da han havde set så mange naturkatastrofer i fjernsynet, besluttede han sig for, at han ville rejse hen til nogle af de områder, der var blevet ramt af katastroferne og tilbyde sin hjælp. Fordi hans kone var død, og hans børn var blevet voksne, var han i stand til at tjene verden på denne måde. Han rejste rundt til fattige samfund, hvor folk ikke havde adgang til lægehjælp og hjalp med at etablere tyve lægehuse. Med tiden kom disse lægehuse til at hjælpe syvogtyvetusind patienter hver måned. Lægen opdagede, at den deprimerede tilstand forsvandt fuldstændigt, og han oplevede en ny form for fuldendelse og formål i sit liv. Nu følger han sin nyfundne passion for at tjene andre, og han rejser rundt overalt i verden og tilbyder lægehjælp, hvor der er mest behov for ham.

Mange af os føler os overbebyrdede, vrede eller apatiske, når vi er vidne til den lidelse, der findes i verden, og vi kan ikke finde ud af, hvordan vi skal håndtere det. Denne læge erkendte, at han ved at hjælpe andre mennesker fik en langt større velsignelse, end han gav: et rigt og tilfredsstillende liv.

Når vi bliver fuldkommen opslugt af det net, vores sind skaber, bliver det svært at åbne sig for de velsignelser, livet hele tiden lader strømme ned over os. Vi er tilbøjelige til at fortabe os så meget i vores egne problemer, at vi sjældent har øje for andres. Millioner af mennesker over hele verden oplever en eller anden form for depression eller ængstelse på grund af ensomheden ved at være afskåret fra familie eller venner. Det er kun ved at tjene og hjælpe andre og vise dem medfølelse, at vi kan frigøre os fra vores egen mentale smerte og fortvivlelse.

En dag under vores tur var der en af de frivillige, som kom op til Amma og indrømmede, at han gennemgik en utrolig svær periode i sit liv. Han forklarede Amma, at det var hans Saturn-periode, og at han derfor følte sig deprimeret og ikke længere havde lyst til at lave seva.

Amma begyndte at le. Hun svarede: "Saturn! Hvad snakker du om? Du er i nærheden af en satguru. Selv i en brændende ørken kan man fornemme kølighed fra skyggen af et træ. Min søn, du skal stadig forsøge at lave seva, selvom du ikke har lyst til det!"

Vi skal lade være med at bebrejde verden og andre for den lidelse, vi måske er nødt til at opleve. Vi kan ikke altid have den rigtige indstilling til tingene, men når vi vælger at gøre noget godt, fordi vi ved, at det er det rigtige at gøre, også selvom vi ikke har lyst til at gøre det, så vil nåden strømme til os. Det eneste, vi kan gøre, er at forsøge at anstrenge os så godt, vi kan.

Der var engang en person, som skrev den følgende morgenbøn, vi måske alle sammen vil være i stand til at relatere til: "Kære Gud, indtil videre har jeg klaret det okay i dag. Jeg har holdt min mund. Jeg har ikke sladret, råbt eller mistet besindelsen i vrede. Jeg har ikke været grådig, gnaven, ubehagelig, selvisk eller alt for eftergivende. Det er jeg glad for. Men om få minutter vil jeg højst sandsynligt få brug for megen hjælp… fordi jeg nu er ved at stå op og komme ud af sengen!"

Vi skal altid forsøge at gøre det rigtige på det rigtige tidspunkt i hvert eneste øjeblik, også selvom vi ikke føler os motiverede til at gøre det. Det er en af de bedste opskrifter på succes inden for et hvilket som helst område, og det vil hjælpe os til at nå Selv-realiseringens ultimative mål.

Amma siger til os, at vi skal være modige, og hun minder os om det: "I er ikke små lam. I er løveunger, og I har et uendeligt potentiale indeni jer, som forbliver ubenyttet." For nylig overhørte jeg Amma give følgende råd: "Man skal være som en løve. Når den er på vej gennem skoven, går den i et stykke tid, og så vender den sig om og ser sig tilbage." Hun illustrerede denne pointe ved at vende sit hoved, og mens hun sagde det, lignende hun virkelig en fantastisk løvinde, som kraftfuldt så sig tilbage for at se, hvor langt hun var nået.

Hun fortsatte: "Selv skildpadden, som trasker langsomt afsted, efterlader sig et spor, der hvor den har gået. Vi skal gøre det samme i vores eget liv og efterlade nogle positive spor i verden. Vi skal stræbe efter at efterlade noget godt."

Vi er heldige, fordi vi så ofte bliver præsenteret for muligheder for at tjene. Det er virkelig en af de fineste former for spirituel praksis. Sindet kværner konstant for at trække os ned, men når vi laver seva, kan vi aktivt bruge vores energi på at udføre positive handlinger. Det vil genoptræne sindet og ændre dets negative vaner. Stands ikke for at spørge dig selv, om du har lyst eller ej, fordi vores følelser forandrer sig hele tiden. Vi har udviklet en tilknytning til så mange dårlige vaner. Hvorfor ikke forsøge at udvikle nye gode vaner i stedet?

Lad os stræbe efter at tilegne os en uselvisk indstilling i stedet for at leve en middelmådig eksistens. Det er ikke, fordi man behøver at gøre store vigtige ting, men alle vores små, venlige og uselviske handlinger kan tilsammen blive til noget virkelig stort.

Kapitel 11

Kærlighedens flod

Når Amma opdager, at der findes et behov et eller andet sted, er hun altid klar til at opfylde det. Det er et eksempel på, hvad det vil sige at følge retfærdighedens og dharmaens vej. Vi skal blot forsøge at gøre de rigtige ting på det rette tidspunkt. Finde ud af hvad vi kan gøre for at hjælpe verden og bruge vores færdigheder til at stille os til tjeneste med kærlighed og opmærksomhed. Det betyder ikke noget, hvad det er, vi gør, det er vores indstilling, som tæller mest.

En kvinde boede i de schweiziske alper omkring to timers bustur fra Zürich. Hendes mand havde valgt at lade sig skille fra hende. Han var rejst sin vej og havde efterladt hende med deres lille barn, som hun nu var alene om at sørge for. Det var meget svært for hende at klare sig økonomisk, da hun var fattig og ikke fik offentlig hjælp.

Kvinden var meget hengiven inden for den katolske tro, hvor hun altid plejede at bede til Moder Maria. Hun havde hørt, at der i Indien fandtes nulevende helgener, men hun tvivlede på, at hun nogensinde ville få en chance for at møde en af dem. Da hun en dag gik forbi en restaurant, fik hun øje på en flyer om Ammas besøg i Zürich. Hun nærede et stærkt ønske om at tage af sted og møde Amma, så hun begyndte at spare penge op til at komme til eventet. Hun fastede i to dage for at spare penge sammen, men gav stadig sit barn noget at spise.

Hun rejste ned fra bjergene, tog hen til Amma-eventet og ventede på at modtage darshan. Da hun ikke var i stand til at tale engelsk, endsige Ammas modersmål, indså hun, at hun ikke ville være i stand til at fortælle Amma om sine problemer. Hun græd stille, mens hun sad i darshankøen på vej hen til Amma.

Gennem tårerne lagde hun mærke til, at en lille kvinde lidt længere fremme i køen gav Amma nogle gyldne armringe, da hun gik til darshan. Hun ønskede, at hun også kunne give noget fint. Amma havde stadig armringene på, da det var hendes tur til at få darshan. Hun faldt grædende, hulkende og ude af stand til at sige et ord ned i Ammas favn.

Amma så på hende med dyb medfølelse, tog de gyldne armringe af og gav dem til hende. Så bad hun den fortvivlede kvinde om at sætte sig ned lige i nærheden.

Amma vendte sig mod hende og sagde: "Sørg for, at du ikke sælger dem. Du skal pantsætte dem, så du får nogle penge til at sørge for dit barn. Lad være med at bekymre dig, det skal nok gå bedre fremover."

Kvinden vendte chokeret og forbløffet tilbage til bjergene, hun pantsatte armbåndene, og med Ammas velsignelse fik hun hurtigt et arbejde. Næste år havde kvinden fået kontrol over sit liv og sin økonomi, og hun var blevet i stand til at indløse de pantsatte armbånd. Hun rejste igen ned fra bjergene, da Amma vendte tilbage, og hun lagde med glæde de samme gyldne armringe tilbage i Ammas hænder. For hende er Amma ikke kun en helgen, hun er virkelig det guddommelige.

Amma er altid klar til at tjene. På samme måde skal vi selv være parate til at kaste os ud i ting og hjælpe til på den måde, vi bedst er i stand til at gøre det og med kærlighed i vores hjerte.

En aften i Amritapuri havde Amma allerede siddet i mere end femten timer i træk og givet darshan, da hun kom ned fra scenen og gik langs den smalle vej tilbage til sit værelse. Da hun kom forbi spisesalen, så Amma gennem et hul i rækken af tilhængere, at vasken i spiseområdet var virkelig beskidt. Den var snavset og blokeret af madrester. Der var behov for, at den blev gjort ren, men ingen havde sørget for det. Hun standsede op, banede sig vej gennem de tilhængere, der stod i rækken, og begyndte at gøre rent.

Selvom hun måtte have været udmattet, er Amma klar til at sætte et godt eksempel for andre i alle sine handlinger. Amma har ingen fritid. Hun er altid i gang med sine pligter og beredt på at undervise os i alle forskellige slags situationer.

Da hun begyndte at gøre vasken ren, kom der pludselig mange mennesker, som gerne ville hjælpe til med arbejdet, men hun sagde til alle: "Stå ikke bare der og se på mig. Gå hen og gør rent i de *andre* vaske! Alle vil gerne lave *padapuja* (at tilbede guruens fødder), men dette er *virkelig* padapuja – den virkelige tilbedelse af guruen."

Det er ikke alle, som får muligheden for at vaske guruens fødder, men alle har mulighed for at tjene hende ved at lave seva ved et Amma-event eller i en ashram. Enhver handling, vi gør, mens vi husker hende, kan blive lige så hellig som at vaske hendes lotus-fødder.

Amma møder verdens elendighed ved at anstrenge sig hver dag for at give alt, hvad hun kan, uanset hvordan hun har det. Hun bevæger sig fremad med åbent hjerte og entusiasme og giver altid det maksimale af sig selv, uanset hvilke forhindringer hun møder. Hun inspirerer alle omkring sig til at gøre det samme.

Da Amritapuri ashram blev registreret som en velgørende institution i 1983, sagde Amma: "Gør mig ikke til en papegøje i et bur. Gør ikke denne organisation til en forretning og et firma. Den skal stå for folket, for menneskeheden, der lider." Helt fra begyndelsen og igennem alle årene indtil den dag i dag, har Amma oppebåret dette ideal med fuldstændig kompromisløshed. Hun opdager helt enkelt folks behov og skrider til handling.

Ammas organisation, Embracing the World, har bygget over halvtreds skoler i Indien og i andre lande, inklusive et universitet med fem campusser. Den administrerer børnehjem i Indien og i udlandet. Amma startede også programmer for at standse bønders selvmord, som i vore dage bliver stadig mere udbredt i nogle dele af Indien. Hun giver nioghalvtreds tusind pensioner til enker og ældre og over enogfyrretusind skolestipendier til fattige elever. Hun har oprettet adskillige hospitaler og gratis lægeklinikker, som giver medicinsk hjælp til de fattige.

Embracing the World er ofte de første til at ankomme på stedet, når der opstår katastrofer i hele verden. I 2004, da ashrammen blev ramt af tsunamien, transformerede Amma sin ashram i Indien og gjorde den til et tilflugtssted, som gav mad, husly og omsorg til de mennesker, der havde mistet deres hjem. Embracing the World var på pletten i 2005 under Katrina-orkanen, hvor Amma donerede en million dollars til nødhjælpsarbejdet. Amma har også sendt nødhjælpshold til Japan under jordskælvet og tsunamien i 2011 og sikret mad og lægehjælp i områder, som ingen andre turde tage ud for at hjælpe.

Hun har bygget over femogfyrre tusind hjem til hjemløse og har planer om at bygge over hundredtusind flere. Dette sikrer, at næsten en million mennesker, som tidligere har været hjemløse, nu har fået husly. Hun har sørget for, at folk planter tusindvis af træer, og har givet gratis mad til millioner af mennesker i hele verden… og så meget mere.

Amma inspirerer sine børn til så megen uselviskhed. Hendes velgørende projekter bliver udført af tusindvis af frivillige over hele verden. Selv de fattigste af de fattige forsøger ofte at lægge en rupimønt i Ammas hånd, når de kommer til darshan i Indien. De kan ikke give så meget mere end det, men de ønsker også at hjælpe til, fordi de ved, at hun vil bruge hver eneste rupi til at tjene andre. Amma siger, at de er som små fugle, der giver offergaver, og til sammen bliver det strømmen i en kraftfuld flod.

Ammas uselviskhed er virkelig guddommelig. Hun omfavner store mængder mennesker og nogle gange op mod ti tusind, mens hun bliver siddende, indtil den allersidste person er blevet omfavnet. Hun har ved disse lejligheder ikke tanke på sine egne behov.

Vi behøver ikke at udføre overmenneskelige bedrifter, det er kun Amma som virkelig er i stand til at gøre det, men hvis vi bare forsøger at gøre noget godt og nyttigt, hver gang lejligheden byder sig, vil det føre os ud af vores egne sorger og hen mod essensen af ren kærlighed. Der er så mange mennesker i verden, der tager, men ved at være et storslået eksempel forsøger Amma at lære os, hvordan vi i stedet giver.

Kapitel 12

Hun, som bringer regnen

Det er let at deklarere vores intention om at gøre de rette handlinger, men vi ved alle, hvor svært det kan være at omsætte intentionen til praksis. Det er indstillingen og intentionen bag enhver handling, som virkelig betyder noget, og ikke altid selve handlingen. Så længe vi bevarer en positiv indstilling, vil Amma ganske sikkert hjælpe os til at overvinde det negative indeni os.

Amma viser, at hvis vi har en positiv indstilling, kommer verden virkelig til at blive et smukt sted at leve i. Hvor end Amma befinder sig, ser hun gennem den ydre verden, der er skabt af vores egoer, og dvæler i skabelsens herlighed.

Der var et forår, hvor Amma besøgte Kenya for at indvie sit nye børnehjem. Da vores bil kørte ud af lufthavnen, rullede jeg mit vindue ned, så Amma kunne vinke til de mennesker, der var kommet for at byde hende velkommen. Uheldigvis sad vinduet fast, og vi kunne ikke få det op igen.

Jeg følte mig nervøs, fordi jeg havde vores pas i hånden. Jeg vidste, at vi skulle køre ind gennem et farligt område, hvor nogle kunne stjæle noget fra os gennem vinduet eller endda forsøge at gøre skade på os. Mens jeg kæmpede med knappen til vinduet, kiggede Amma på det nedrullede vindue og kom med bemærkningen "stort problem!" til mig. Da chaufføren begyndte at undskylde for vinduets dårlige stand, forsikrede Amma ham omgående om, at det var fint. Hun *elsker* at føle brisen.

Jeg lo ved mig selv over, hvor hurtigt Amma havde ændret sin indstilling, og hvor let det er for hende at tilpasse sig en hvilken som helst situation. Det er præcis sådan, vi også skal være. Hvis vi ikke kan ændre vores situation til det bedre, skal vi være beredte på at ændre vores indstilling i stedet for.

Tidligt en aften i Indien, mens Amma var på vej mod scenen for at synge bhajans, var der et lille barn på omkring 3 år, der løb hen ved siden af hende. Amma kaldte på pigen og sagde "Kuruvi". Da jeg først hørte det, troede jeg, at det måtte være hendes navn. Den næste dag, da vi igen gik til bhajans og var på vej op ad rampen, begyndte Amma at kalde: "Kuruvi, Kuruvi," men denne gang var det til to andre børn.

Jeg tænkte: "Vent lige et øjeblik, ikke *alle* disse børn kan hedde Kuruvi. Jeg opdagede, at *kuruvi* betyder lille fugl, en spurv. Amma ser os alle sammen som disse små fugle, der glædesfyldt flakser omkring hende.

Vi skaber vores egen virkelighed gennem vores indstilling og måde at se verden på. For Amma, som ser det bedste i alt og forsøger at dele denne indsigt med os, er vi alle hendes små kuruvier, hendes små spurve. Hun nærer os med ren kærlighed og guddommelig visdom.

Uanset hvor i verden, vi rejser hen, siger deltagerne ved slutningen af Ammas events ofte: "Dette er det bedste event, jeg nogensinde har været med til!" Det er ganske bemærkelsesværdigt at høre det. Man kunne måske tænke: "Hvordan kan hvert eneste program være det bedste nogensinde?" Men Amma har den

Duften af ren kærlighed

forbløffende egenskab, at hun altid er i stand til at bringe det bedste frem i alt.

Når hun ankommer til New Mexico, kommer hun ofte med den stærkt tiltrængte regn og er derfor blevet kendt som "hende, som bringer regnen." I kolde områder bliver hun kendt som hende, der kommer med solen. Hun inspirerer til så megen godhed i mennesker og spreder så mange velsignelser, uanset hvor hun rejser hen.

Da vi for nylig var i San Ramon var der en usædvanligt varm dag, hvor al strømmen gik i længere tid. Jeg forestillede mig, at det kunne være svært for folk at håndtere denne situation. Selv når vi er i ashrammen i Indien, går strømmen indimellem, men den kommer altid tilbage inden for 10 sekunder. Men i San Ramon gik strømmen i mange timer.

Alligevel fortsatte eventet. Der var kun én enkelt lampe på scenen under bhajans, og den fik strøm fra en lille generator. Hele resten af hallen henlå i mørke, og der var kaos overalt, når folk skulle finde frem.

Ammas skikkelse blev blødt belyst af et svagt skær på scenen. Nogle folk havde mobiltelefoner, der var løbet tør for batteri, og de havde derfor intet andet valg end at fokusere på det guddommelige lys og den hengivenhed, Amma udviste. Folk oplevede, at mørket ansporede deres sind til stilhed, som satte dem i stand til at koncentrere sig bedre om bhajans, og de oplevede endnu mere lyksalighed end sædvanligt. Alle følte sig taknemmelige over oplevelsen og sagde endnu en gang: "Dette har været det bedste event nogensinde!"

Vi har ikke kontrol over, hvad livet vil bringe. Men hvis vi udvikler en accepterende indstilling, kan det hjælpe os til at fremkalde nådens lys, så vi kan opleve livets velsignelser, uanset hvor vi befinder os, selv i vanskelige situationer.

Da vi var i Australien, var der en mand, som kom for at deltage i aftenens program med mørke solbriller på, og jeg tænkte ved mig selv, at det så alt for tjekket ud at have solbriller på om aftenen. Så overhørte jeg en samtale, han havde med nogle andre, der også var med. Han fortalte, at han havde været blind i femten år og netop dagen forinden havde fået en øjenoperation, så han kunne se igen.

Han oplevede, at det var Ammas nåde, som havde givet ham synet tilbage og udbrød, at det var *sådan en smuk verden*. Han proklamerede, at han nu ville nyde at begynde at se skønheden overalt.

Amma minder os om, at det er vores egen indstilling, der gør hele forskellen. Hun siger, at Gud ikke gør nogen forskel på folk, men hvis der bag vores handlinger er en positiv indstilling, så vil det manifestere sig i vores liv som Guds nåde.

Amma kan frelse os fra noget af lidelsen, men vores sind og intentioner er nødt til at være oprigtigt rene, hvis vi skal være i stand til at opnå den endelige tilstand af frihed.

Vi skal forstå, at alt det, der sker i vores liv, ikke finder sted for at straffe os, men for at vække os. Det guddommelige forsøger blot med uendelig visdom og medfølelse at vende os i den rigtige retning, så vi en dag med fuld bevidsthed kan erfare sandheden i stedet for ubevidst at blive trukket gennem tilværelsens mørke. Nogle mennesker synes, at det er grusomt af Gud at have skabt en verden med lidelse, mens andre accepterer deres skæbne og kun forsøger at se det bedste, de er i stand til her i livet.

Kun ved at møde livet med en positiv indstilling kan vi komme fri af cyklussen af karma.

Så kan vi se ting på en anden måde. Hvis vi kan lære af vores udfordringer og fejl, vil det guddommelige gøre det muligt for os at bevæge os videre til den næste lektion og acceptere, at vi ikke længere behøver at vende tilbage til den samme igen. Der vil altid være noget andet at lære!

Amma insisterer: "Vi er nødt til at møde alt." Hvis vi forsøger at flygte fra bestemte situationer, vil de ganske enkelt opstå igen. Vi er nødt til at få det bedste ud af enhver situation, vi befinder os i, og forsøge at gøre det med et smil på læberne. Vi er nødt til at gøre det med kærlighed, for ellers bliver det som ukrudt: Vi fjerner toppen, men roden sidder stadig tilbage i jorden og vil vokse op og trives igen. Hvis vi modigt accepterer det, der kommer, kan vi ødelægge rødderne på vores dybere vaner og negative tilbøjeligheder, som igen og igen dukker op til overfladen. Hvis vi har en positiv indstilling til alt, hvad vi gør, vil vores liv ganske sikkert være velsignet.

Kapitel 13

Fra græs til mælk

Amma ser det gode i alt. Gennem alle situationer forbliver Amma ydmyg og viser os et eksempel på sand overgivelse og accept. Hun siger: "Vi tror, at græsset ikke er så vigtigt, men når koen spiser det, bliver det med tiden til mælk, der nærer os – så i virkeligheden har *alt* betydning." Amma ser alt med samme udsyn og kærlighed.

En gang, mens vi havde et længere ophold i en lufthavn i Frankfurt i Tyskland, tog jeg Amma med ind i en lounge for at vente på et fly. De fleste sæder var optaget, og de eneste, jeg kunne finde, var ved siden af nogle mænd, der sad og drak øl.

Jeg tænkte ved mig selv, at det virkede til, at de ikke var lige så voldsomme og larmende som australske mænd, der sidder og drikker øl, ofte er. Jeg håbede, at de måske bare ville tage en hurtig tår og gå hurtigt igen, men jeg undervurderede fuldstændig tyske øldrikkeres vedholdenhed og styrke, når det gælder om at holde ud. De rokkede sig ikke ud af stedet.

Jeg følte mig så dårligt tilpas over at invitere Amma til at sidde sammen med disse mænd, som talte fuldemandssnak med hinanden, men Amma virkede ikke til at have noget imod det. Hun sad der helt enkelt og fredfyldt. Amma føler sig hjemme lige meget, hvor i verden hun befinder sig. I stedet for at lade sig distrahere af de øldrikkende mænd, kiggede hun gennem vinduet ud på sneen. Amma bemærkede, hvordan sneen mindede hende om skummet på havets bølger ved Amritapuri. Hun forklarede, at da hun var barn, plejede hun at gå ned til havet og nogle få måneder om året så skummet på havet lige præcis ud, som denne sne gjorde. Mens hun fordybede sig i minderne og huskede havet, var hun så fuld af glæde. Amma viste mig, at uanset, hvor hun er, ser hun kun det positive i alt, og hun husker altid sit fundament i kærligheden.

Et par flyttede ind i et nyt nabolag. Mens de spiste morgenmad den første morgen på stedet, fik den unge kvinde øje på sin nabo, som var ved at hænge vasketøj op udenfor.

"Det vasketøj er ikke særlig rent," sagde hun. "Hun ved ikke, hvordan man vasker sit tøj ordentligt. Måske har hun brug for noget bedre vaskepulver." Hendes mand så på hende, men forblev tavs. Hver gang denne nabo kom ud for at hænge vasketøj op, kom den unge kvinde med tilsvarende bemærkninger.

Omtrent en måned senere var kvinden overrasket over at få øje på noget fint rent tøj på tørresnoren, og hun sagde begejstret til sin mand: "George, prøv at *se*. Hun har *omsider* lært, hvordan man vasker sit tøj ordentligt. Wauw! Det var på tide! Gad vide hvem der lærte hende det?" Manden svarede stilfærdigt: "Min kære, jeg stod tidligt op i morges og pudsede vores vinduer." Vi bebrejder ofte andre for egne fejl, selvom problemerne skyldes vores eget begrænsede udsyn.

Jeg læste engang en artikel fra Tyskland, der handlede om en ældre mand, som var blevet træt af at høre den samme melodi blive spillet igen og igen. Han besluttede sig for at ringe til politiet og beklage sig. Han var vred over, at naboerne spillede musik på alle tider af døgnet, også om natten, og han troede, at de med vilje forsøgte at forstyrre ham. Da politiet undersøgte sagen, opdagede de, at den skyldige var et kort med en musikhilsen, der var placeret i hans egen vindueskarm. En lejlighedsvis brise plejede at åbne kortet og få det til at spille. Tingene er aldrig, som vi tror, de er.

Vi har ofte lyst til at bebrejde de ydre omgivelser for vores vanskeligheder, men det er vores indre indstilling, som i virkeligheden er afgørende for vores virkelighed. Vi lever i en verden, vi selv har skabt, og det er vanskeligt for os at komme ud af den. Vi oplever alle verden på forskellige måder.

Det er grunden til, at nogle har brug for ekstra hjælp, hjælpen fra en fuldkommen mester. Deres nåde er *helt og aldeles nødvendig* for at trække os ud af den fordrejede verden, vi selv har skabt, og i stedet acceptere og overgive os til den verden, Gud har skabt.

I Ammas nærvær bliver det meget lettere at få øje på det gode i alting omkring os. En dag var vi på vej hjem til ashrammen og glædede os til at komme tilbage, efter at vi havde været væk i nogle måneder, da Amma sagde: "Vi har virkelig alt, hvad vi behøver her!" Vi begyndte alle sammen at give vores små bidrag til de vidunderlige ting, som var til rådighed i Amritapuri. Amma sagde: "Det er som en festival hver dag!" Swamiji tilføjede: "Ja, vi har hele tiden pujaer." Chaufføren tilføjede nogle få ting: "Der er så mange fantastiske kurser i ashrammen." Så tilføjede jeg: "Vi har også pizza og is. Amma tilføjede: "Og vores is er der ingen luft i. Den is, man får uden for, er blevet pisket, sådan at du faktisk får halvdelen af den is, du køber, og den anden halvdel er luft." Amma udbrød begejstret: "Du kan kun købe rene is, fordi isen er fuldstændig håndlavet med hengivenhed og mantraer." "Ja! Vi kan også svømme og få Ammas darshan!" Vi var så begejstrede. Vi følte det, som om vi kom hjem til himlen på jorden. Vi er så heldige, fordi det var vi virkelig.

Ammas vision inspirerer vores egen: Fuldkommen opmærksomhed gør det muligt, at kærligheden kan strømme omkring os, ligesom den gør for hende, uanset hvor hun tager hen. Men vi ser kun altings ydre facade, vi ser kun det, vi ønsker at se, og dømmer alt med vores begrænsede vision. Det er svært for os at huske vores sande essens og fundament af kærlighed, når vi er fanget i vores sind. Men Amma kan dykke ned under overfladen for at se sandheden, skønheden og kærligheden, der dvæler i alt. Må vi en dag ved egne anstrengelser og hendes nåde være i stand til at se alt i livet med et rent udsyn præcis som hun er i stand til at gøre det.

Kapitel 14

At bøje sig for hele skabelsen

Det er målet med alle menneskers liv at finde fred og glæde. Årsagen til alt, hvad vi gør, handler om, at vi virkelig stræber efter dette. Hvis vi ønsker at opleve fred i den ydre verden, må vi først finde den i vores eget sind.

Alt, hvad Amma gør, er rettet mod at hjælpe os til at berolige det tvivlende sind, som altid tynger os, og give os den optimisme, der er påkrævet for at kunne være åbne for nåden. Amma ved, hvor lidt vi tror på os selv. Hun giver os sin vejledning og sine velsignelser for at hjælpe os til at sætte vores sejl, så vi kan komme gennem en hvilken som helst slags storm, vi vil møde.

En november måned var der en kvinde, som desperat ønskede sig at komme med på tur som frivillig for at kunne tilbringe ekstra tid sammen

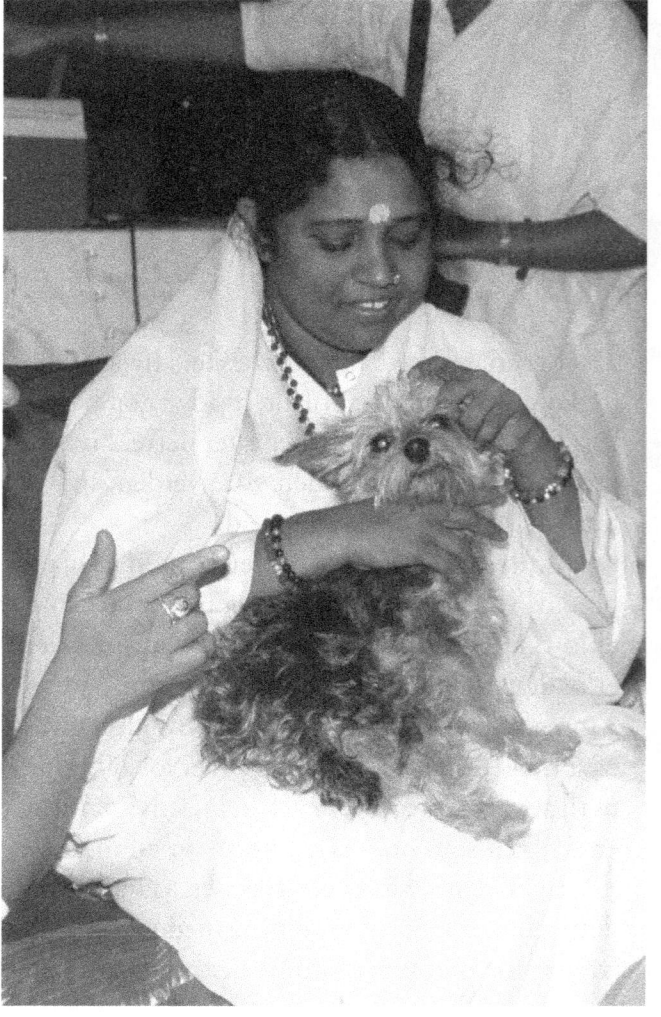

med Amma. Hun havde arrangeret flyrejserne, men så blev hun meget syg. Hun var utrolig skuffet, men blev tvunget til at aflyse turen. Hun blev ved med at bede og håbe, at Amma ville helbrede hende, før hun skulle gå ombord i flyet, men det skete ikke.

Hun havde tillid til Amma, så trods skuffelsen forsøgte hun stadig at bevare den rigtige indstilling, selvom hun ikke forstod, hvorfor det var sket. Så fik hun en kort e-mail om, at en af hendes elever var blevet myrdet, og at hans begravelse skulle afholdes den følgende dag.

Da hun mødte op til begravelsen, fandt hun ud af, at mange af hendes tidligere studerende var med uden at være ledsaget af deres forældre. Hun endte med at græde sammen med dem og trøste dem alle sammen. Hun kunne mærke Ammas omsorg, som strømmede gennem hendes arme, mens hun holdt om de forpinte teenagere. Hun vidste, at det ganske afgjort var Ammas nåde, som havde fået hende til at aflyse sin flyrejse, så hun kunne være der for sine elever, mens de havde brug for hende.

Hendes hjerte var hos Amma, mens hendes hænder var travlt optaget af at tjene andre, akkurat som Amma måtte have ønsket det. Amma påvirker os på så mystiske måder. Nogle gange vil vi gerne have, at den måde, vi tjener andre på, skal være præcis, som vi selv ønsker det og ikke på nogen anden måde, men måske har Gud andre planer med os.

Gud har sat os her i verden, hvor det er meningen, at vi skal være. Intet, der sker, er nogensinde en fejl. Vores udfordring er at møde Guds plan med kærlig accept. Den bogstavelige betydning af "Må din vilje ske" indfinder sig, når vi virkelig accepterer alt, hvad vi møder på vores vej, og forstår, at det alt sammen er en del af den guddommelige mesters plan. Hvor vi end befinder os, er det for at lære noget, så vi skal forsøge at acceptere det.

Livet udvikler sig aldrig helt, som vi har forestillet os, det gælder særligt det spirituelle liv. Der kan være mange vanskeligheder, vi skal gå igennem, men Amma minder os om, at det stærkeste, fineste stål kun kan laves i den varmeste ovn – alligevel ved vi alle, hvor svært det kan være at overgive sig.

Jeg får igen og igen muligheden for at overgive mig alle de gange, jeg skal være babysitter, når jeg sidder bag Amma ved de offentlige events. Nogle gange har jeg tænkt på, at vi i virkeligheden skulle tage betaling for dette, fordi Ammas event er den bedste babysitter-service, der findes i verden!

Jeg har ofte sagt, at dette er det eneste sted i verden, hvor et professionelt event bliver afholdt med børn, der kravler rundt overalt på scenen, mens de griner, snakker, græder eller skændes, mens nogle forsøger at holde en tale eller musikerne optræder. Afhængigt af hvor frække de er, har jeg nogle gange tyet til at hive dem i ørerne for at få dem til at holde sig i ro!

Jeg fik et øjebliks dyb erkendelse, mens jeg en aften sad med disse børn. Det begyndte at gå op for mig, hvorfor Amma gav mig denne mulighed: I stedet for at gøre dem en tjeneste ved at holde øje med dem, var disse børn i virkeligheden med til at vække noget i mig. Amma forsøger at vække det universelle moderskab i mig og i os alle sammen, ikke kun i kvinder, som har fået børn. Så dette er en gave, hun giver mig på min vej mod at vågne op.

Amma møder alle på et individuelt niveau. Hun er katalysator for, hvad end vi har brug for at møde i livet. Det er noget spontant, der finder sted, når vi kommer i kontakt med en mahatma. Hvis vi kan overgive os, vil hun tage os med til en fuldkommen tilstand.

Alt, hvad der kommer til os, er kun til vores eget bedste og en velsignelse. Livet vil blive en smuk rejse, når du udvikler ydmyghed og modtager alt i livet som en gave. Hvis vi har barnets uskyldige øjne, accepterer alt og bruger det hele som lektier, der hjælper os til at modnes, vil livets rejse blive fænomenal.

En gang var jeg ved at gå ombord på et fly sammen med Amma, og jeg gav mit boarding-pas til stewarden, da vi kom ind. Han spurgte mig jovialt: "Nå, kan du fortælle mig, hvad din yndlingsfarve er?" Jeg må indrømme, at jeg var en lille smule irriteret over at få så dumt et spørgsmål, men han virkede så entusiastisk, og han stod med mit boarding-pas i hånden.

Jeg tænkte et øjeblik over, hvad mit svar skulle være, og et sarkastisk svar begyndte at boble frem i mig... men så besluttede jeg mig for at overgive mig og gøre ham glad, så jeg svarede: "Orange!"

"Ja!!!" sagde han, "Det er det rigtige svar!" Han var meget begejstret over, at jeg havde svaret rigtigt, så han lod mig gå videre. I virkeligheden var det en løgn, jeg fortalte… for at gøre ham glad ved at sige det, jeg godt vidste, at han gerne ville høre. *Tror du virkelig, at orange er min yndlingsfarve?*

Det føles så godt, når vi er i stand til at overgive os, og det får også andre til at føle sig godt tilpas. Kun sådan kan det guddommelige strømme igennem os. Amma siger, at når vi bøjer os, bøjer vi os ikke kun for andre mennesker, men vi bøjer os også for hele skabelsen.

Vi får ikke livets udfordringer, for at de skal ødelægge os, men for i stedet at fremkalde det ægte potentiale, som ligger helt uberørt indeni. Vi lærer mere fra vanskeligheder, når vi anser dem for at være prøver, vi skal gennemgå, for at gøre vores sind stærkere og mere rene.

Uanset hvor mange problemer, der kan opstå i vores liv, skal vi forsøge at bevare den indre ligevægt. Så vil vi blive ligesom lotusblomsten, der vokser i styrke gennem snavs og mudder. Vi får en dyrebar lære forklædt på mange forskellige måder. Når vi lærer at overgive os til disse lektier, der bor i alle livets omstændigheder, afslører den skjulte skønhed sig for os.

Kapitel 15.

Fuldkommen overgivelse

Amma siger, at mahatmaer *kan* ændre vores skæbne, men hvis de skal gøre det, er vi nødt til at lære nogle af de lektier, vi har brug for at lære af de oplevelser, der præsenterer sig for os. Mahatmaer som Amma har fuldstændig overgivet sig til Guds vilje: De ser alt på det rette sted, og vores skæbne udspiller sig, som den skal. Det er ikke Ammas vej at gå imod Guds vilje, hvis vi har modtaget en lidelse af en grund – i sidste ende tjener alle vores oplevelser til at hjælpe os med at vokse og modnes.

Hvis Amma skulle fjerne alt, hvad der ventede os, ville vi måske vende omkring og begå de samme fejl igen og igen. Vi skal forsøge at absorbere essensen af den læring, vi får af livets vanskelige oplevelser. Disse oplevelser bliver skræddersyet til os og kommer fra den guddommelige vilje.

Jeg læste engang en fantastisk historie om en kvindelig forsker i neurovidenskab, hvis liv forandrede sig fuldstændigt, efter hun fik et slagtilfælde. En dag blev hun pludselig alvorligt ramt af en blodprop i venstre hjernehalvdel, men midt i det hele kunne hun bevare opmærksomheden på det, der skete med hende.

Hendes forskningsområde var hjernens måde at fungere på, så hun var i stand til at stille sig selv ved siden af oplevelsen og fuldstændig opmærksomt være vidne til sin erfaring af, hvordan det var at blive ramt af lidelsen. Hun kunne betragte sin krop, mens den gik gennem alle symptomerne: forfærdelig smerte, hovedpine, tab af følelse i armen. Takket være sin uddannelse og opmærksomhed kunne hun samtidig lægge mærke til, hvordan hendes hjerne fungerede.

Hun trådte ud af den venstre hjernehalvdel og over i den højre og havde en ud-af-kroppen-oplevelse, hvor hun fuldstændigt mistede den normale bevidsthed. Denne erfaring viste hende universets vidunder, som kan ses og føles, når vi er i stand til at komme uden for kroppen og sindets grænser.

Vi er tilbøjelige til at bygge en barriere og tænke: "Dette er mig" og alt andet er *ikke* mig. På dette tidspunkt var kvinden i stand til at transcendere det begrænsede udsyn, og hun blev ét med alting. Hun havde et fantastisk eventyr, hvor hun så skønheden i hvert atom i kosmos, og hvordan det var dannet. Hun blev ved med at komme tilbage i kroppen og oplevede slagtilfældets fysiske symptomer, men hun var også i stand til at gå ud af den oplevelse.

Slagtilfældet var så positiv og sindsåbnende en begivenhed i hendes liv. I et kort stykke tid havde hun været i stand til at gå hinsides sit lille 'selv' fyldt med alle dets problemer og erfare den udsøgte skønhed i det større 'Selv' og virkelig forstå, hvad det vil sige at blive ét med universet. Det er næsten utroligt, at hun kunne få denne oplevelse samtidig med, at hun blev ramt af et slagtilfælde.

Det forandrede hendes liv fuldstændigt. Hun forstod de muligheder, vi alle har. Hun var forsker, ikke et spirituelt menneske, men om vi anser os selv for at være spirituelle eller ej er irrelevant. Vejen til at forstå meningen med vores liv er åben for alle.

Vi har levet uden fuld opmærksomhed i det meste af vores liv, og det er blevet en vane at eksistere i livet på den måde. De fleste mennesker lever blindt og ignorerer det sande potentiale, vi er i stand til at opnå som mennesker.

Amma minder os om, at vi alle har evnen til at nå højdepunktet af den menneskelige eksistens, hvis vi åbner hjertets lukkede knop.

Der er intet galt med at spørge Amma om at hjælpe os, at bede om det, vi ønsker os eller at bede for den uretfærdighed, vi møder i livet. Vi er frie til at bede om alt – men ultimativt set er vi nødt til at slippe tilknytningen til det. Så længe vi forbliver knyttede til alle de mentale billeder, vi danner i sindet, kan vi ikke opleve verden, som den virkelig er.

Amma nærer så megen medfølelse for alle i verden og deres sorger, at hun altid vil gøre sit yderste for at støtte os i tanker, ord og handlinger og forsøge at gøre os stærke nok til at bære det, vi er nødt til, selvom hun ikke vil tage *al* lidelsen fra os.

L'abandon total de Soi-même

En tilhænger fra Schweiz fortalte mig en historie som eksempel på denne sandhed. Hun sagde:

"For ti år siden fik jeg en fedtcyste i ryggen. Da den voksede, spurgte jeg Amma, hvad jeg skulle gøre, og hun anbefalede mig at spørge lægen. Lægen sagde, at det var nødvendigt at operere, fordi cysten muligvis var ondartet.

Jeg blev virkelig bange. Jeg tvivlede på, om jeg reelt havde kræft og vidste, at jeg havde Ammas beskyttelse. Jeg havde tillid til Amma og troede fuldt og fast på, at hvad der end skete, ville det være til gavn for mig.

Jeg fik fastlagt operationen efter Ammas besøg i Europa, så jeg kunne få hendes velsignelse af indgrebet. Da Amma kom til Schweiz, forklarede jeg hende det hele, og hun var virkelig omsorgsfuld og sød ved mig. Hun kærtegnede min cyste og spurgte min mand, hvordan han ville sørge for pasningen af vores to børn. Hun er den bedste mor i verden og den bedste ven, jeg nogensinde har haft.

Få dage før operationen var jeg i München og fik darshan. Amma så mig dybt i øjnene. Hun bad om mit telefonnummer og spurgte, om det var ok at ringe efter operationen for at høre, hvordan det var gået. Jeg var overvældet over hendes medfølelse og omsorg for mig. Tårerne trillede ned ad mine kinder.

Efter operationen kaldte min læge på min mand og forklarede ham, at alt var gået godt, men at der var en stor chance for, at cysten var ondartet og havde infiltreret musklerne i området.

Da jeg hørte, at det måske kunne være kræft, blev jeg chokeret. Jeg kæmpede med Amma inde i hovedet og spurgte: "Hvorfor skal jeg igennem alt dette? Hvad vil der ske med mine børn, hvis jeg dør? Hvorfor har du forsaget mig?"

Jeg oplevede Ammas nærvær strømme ind i min hospitalsstue og hen til mig, hvor jeg lå i sengen. Jeg følte mig overstrømmet af hendes kærlighed og fred. Til sidst overgav jeg mig til den mulighed, at jeg kunne have fået kræft, og at alt ville være til mit eget bedste.

En uge senere fik jeg resultaterne. Lægen kom ind på min stue og virkede noget forvirret. Han forklarede, at der var kommet et utroligt svar på prøverne: Cysten var godartet, men han troede ikke på det. Han ønskede at gennemføre testen én gang til og vise mig resultaterne. Jeg smilede bare og følte, at Amma sad ved siden af mig. Jeg fik resultatet af den næste test: ingen kræft. Jeg fik lov til at tage hjem til min familie.

Da jeg takkede Amma for at have reddet mit liv, svarede hun ydmygt: "Det var Guds nåde, at cysten forandrede sig."

Vi er nødt til at finde styrken til at møde alt, der kommer til os i livet og indse, at udfordringerne i vores liv altid er en velsignelse i forklædning, som tjener til, at vi udvikler os og vokser. Hvis vi husker det, kan rejsen blive lettere for os. Ja, vi plejer for det meste at kæmpe med alle vanskelighederne på vores vej og tro, at det er en andens fejl, ikke rigtigt eller uretfærdigt!

Hvis vi modstår alt, vil vi altid være nødt til at lide. Gud giver os ikke smerte for at straffe os. Den manifesterer sig for at åbne vores hjerter, så vi kan få en dybere forståelse af, hvem vi virkelig er. Hvis vi lærer at acceptere – så vil vi en dag måske også kunne være indbegrebet af den fuldkomne overgivelse, som tiltrækker os så meget ved Amma. Hun accepterer livets flow med alle dets overraskelser. Det er denne accept, som tillader den guddommelig nåde at trænge ind.

Kapitel 16.

Nådens strøm

Nåden vil altid bære os igennem, når vi har allermest brug for det. Det er denne ekstra faktor, som giver vores liv sødme og hjælper os til at hæve os over *alle* vanskeligheder. Optimisme gør, at nåden har mulighed for at trænge ind.

Den sjældne strøm af nåde, som kommer fra en levende mahatma, kan virkelig ændre vores liv. Ammas nåde strømmer hele tiden til os alle. Det forholder sig ikke sådan, at Amma elsker nogle mennesker mere end andre: Nogle finder bare en måde at åbne deres hjerter og tune ind til nåden, mens andre åbner en paraply, som holder dens strøm ude. Forstå, at hvor du end befinder dig, er Amma hinsides de kosmiske love for tid og rum. Hendes nåde kan strømme til dig, uanset hvor du befinder dig henne.

Guds nåde vil altid finde frem til os, hvis vi lever et liv med hengivenhed. Amma har oprigtigt lovet os, at vores dybfølte bønner fra hjertet vil nå hende. Vi kan have en direkte forbindelse til hende. Telefonlinjen er aldrig optaget, hvis vi sender disse bønner direkte – og der er ingen regning i det kosmiske kommunikationssystem.

Her følger en historie, som på smukkeste vis illustrerer, hvordan nåden kan blomstre frem. En ung pige, som havde færdiggjort sin skolegang, spurgte Amma, hvilken retning hun skulle vælge i livet. Amma svarede, at hun skulle læse medicin og inviterede hende til at tage studiet på AIMS-universitetet i Indien. Pigen blev meget overrasket, fordi hun ikke havde klaret sig så godt i skolen og desuden havde et større handicap. Hun havde en øjensygdom, der gjorde det særdeles vanskeligt for hende at læse. Da hun vidste, hvor meget man skal læse på medicinstudiet, havde hun aldrig forestillet sig, at hun ville kunne klare det.

Alligevel insisterede Amma på, at hun skulle forsøge, så med fuld tro på Amma overgav hun sig og blev optaget på medicinstudiet på AIMS.

De fleste af os, der kendte pigen, tvivlede på, at det ville lykkes for hende, når vi tænkte på de år med komplekse studier, som lå foran hende, men på en eller anden måde lykkedes det hende at komme igennem det første år.

Ved de afsluttende eksamener på hendes årgang med tredive studerende, endte den person, som alle havde *troet* ville ligge højest i klassen, og som plejede at få de højeste karakterer, med ikke at bestå den afsluttende prøve. Modsat hvad denne pige og alle andre havde forventet, endte pigen med øjenproblemet med at få en meget høj karakter og være blandt de fem bedste på sin årgang.

Jeg blev forbløffet, da hun fortalte, at ud af hele årgangen var de seks studerende, som også var Amma-tilhængere endt med at få de seks højeste karakterer med udmærkelse. Den, som havde det laveste fremmøde på grund af rejser med Amma, fik den allerhøjeste udmærkelse.

Med dette eksempel siger jeg ikke, at hvis du nærer hengivenhed for Amma, så behøver du ikke at studere, men man skal i det mindste være opmærksom på, at nådens mirakuløse og ubegribelige kraft kan udfolde sig i vores liv, hvis vi åbner op og tillader den at strømme gennem os.

Det vigtige er at gøre den nødvendige indsats i begyndelsen, for ellers er det meget vanskeligt for Guds nåde at strømme ind. Når vi først har anstrengt os, så godt vi kan, må vi helt enkelt have tillid til, at nåden vil føre os igennem. Når vi overgiver os og tuner vores sind ind på Amma, vil nåden helt enkelt manifestere sig.

At anstrenge sig er en essentiel del af at åbne sig for nåden. Amma fortæller som eksempel, at inden vi skal køre en tur i bjergene, tjekker vi først, at bilens motor og bremser fungerer ordentligt. Vi sikrer os, at der er nok benzin, olie og vand, og at vores forrude er ren. Efter vi har sørget for alle disse ting og har gjort vores bedste for at sikre, at alt går godt, overlader vi resten til Guds nåde.

En tilhænger fra Californien havde en teenagesøn, der led af en meget sjælden sygdom, som hæmmede hans mentale udvikling, så han forblev som et barn. Han plejede hver dag at sidde på sofaen med sin mor, mens hun år efter år forsøgte at lære ham at læse. Da han var blevet femten år, blev hun urolig for, om han nogensinde ville lære det.

Le flot de la grâce

Ude af sig selv opsøgte denne mor Amma og bad hende om at hjælpe. Amma sagde, at hun skulle komme med en sandeltræspind og få den velsignet. Moderen sørgede for at anskaffe én og gik til darshan med sin søn. Sønnen tog sandeltræspinden fra sin mor og gav den selv til Amma, mens han så hende dybt i øjnene. Hans mor var så overrasket over sønnens opførsel, fordi han aldrig plejede at se direkte på nogen. Amma kiggede tilbage på ham og gav sandeltræspinden tilbage til ham efter at have velsignet den.

Han smurte sin pande med sandeltræspomade hver dag, og forbløffende nok lærte han at læse. To år senere fortalte hans mor, at han nu læser bøger på 500 sider, som han låner på biblioteket. Han læser også aviser. Han kigger artiklerne nøje igennem, og så skriver han til myndighedspersoner og beder om frigivelse af mennesker, der har fået dødsstraf. Med det ene brev efter det andet arbejder han for fred og retfærdighed i verden. Hans mor siger, at sønnen nu ved mere om politik, end hun selv gør.

Dette barn vil altid forblive udviklingsmæssigt udfordret, men med Ammas velsignelse og et hjerte af guld har han fundet den dharmiske vej, han skal følge.

Vi er så velsignede, at vi har en stor sjæl som Amma, der er vores lysende ledestjerne, som kan vække vores håb og i disse vanskelige tider vise os vejen til at komme trygt igennem denne skøre verden. Vi skal altid søge at fastholde håbet, selvom vi tror, at hele verden vender sig mod os. Forsøg at gøre dig fortjent til guruens storslåede nåde på hvilken måde, du end er i stand til det. Det eneste, det kræver, er at gøre den rette indsats og at udvikle den rette indstilling.

Kapitel 17

Amma leder vores skridt

Amma viser os på alle mulige måder, at hun altid er med os. Hun går til det uendelige med sin omsorg og beskyttelse. Uanset hvor i verden vi tager hen, passer hun på os med en guddommelig kærlighed, som aldrig vil forlade os.

I Australien kom en kvinde hen til mig og fortalte en utrolig historie. Hun havde ønsket at købe en slags amulet til sin datter, som kunne beskytte hende under en forestående rejse til Sydamerika. Hun besluttede sig for at give sin datter en ankelkæde med rudraksha-kerner, som Amma havde båret.

Uheldet ville, at datteren blev meget syg i en meget lille landsby under sin rejse i Sydamerika. Hun forstod ikke det lokale sprog og havde ingen ledsagere med til at hjælpe sig. En af de lokale kvinder fra landsbyen lagde mærke til, at hun var syg og kom hen til hende. Hun så ankelkæden ved kvindens fod og gjorde fagter til den. Idet hun pegede på den, spurgte hun: "Amma?" Selvom de ikke kunne forstå hinanden sprog, opdagede de en verden, som skabte et universelt bånd mellem dem.

Kvinden tog pigen med sig hjem. Pigen var forbløffet og taknemmelig over at opdage et billede af Amma på væggen i det lille hus i landsbyen. Denne kvinde havde mødt Amma og fået hendes darshan ved et af hendes events i Chile. Et foto af Ammas fødder hang fremhævet i husets entre.

Kvinden plejede pigen, indtil hun var kommet til hægterne igen. Pigen ringede senere til sin mor for at fortælle hende historien. Hun følte, at Amma virkelig havde reddet hendes liv og på så fin en måde havde beskyttet hende i en svær tid, hvor hun trængte til hjælp.

Vi lever i nærheden af en af de største og mest medfølende oplyste mestre, som nogensinde har levet her på jorden. Hun giver os sin beskyttelse og kølige brise fra sin nåde midt i livets ørken. Selv når perioder og situationer synes vanskelige, beskytter hun os. Måske er vi nødt til at lide lidt. Det er måske bare vores skæbne, men Amma tilbyder sin lindrende skygge til alle. Den er der altid. Det lover hun.

En tilhænger skrev en historie om sin oplevelse med Amma:

> Dette fandt sted i det sene forår 2007, hvor jeg forberedte mig på at se Amma i Puyallup i nærheden af Seattle for at få hendes darshan.
>
> Jeg var så begejstret over, at min bedste ven havde ringet til mig den dag og fortalt, at han ville komme med til eventet sammen med mig. Denne ven havde aldrig tidligere været interesseret i at møde Amma. I årevis havde jeg bedt ham om at komme med, og nogle gange havde jeg endda plaget ham, men han havde altid haft modstand mod det. Året inden havde jeg taget hans billede med til Amma for at sikre mig, at han fik hendes velsignelse, men jeg havde aldrig fortalt ham om det. Kort tid efter ombestemte han sig og besluttede sig for at møde Amma. Det var det første lille mirakel.

Duften af ren kærlighed

Mens jeg fik tøj på, følte jeg en dyb glæde ved at have ham med for første gang. Da jeg kørte ad motorvejen for at hente ham, følte jeg mig ekstatisk af glæde og taknemmelighed. Bølger af lyksalighed skyllede ind over mig og tårerne trillede ned ad kinderne. Jeg var nødt til at anstrenge mig for at kunne fokusere på vejen.

Jeg nåede hen til hans hjem, og vi satte kursen mod Puyallup. Jeg kørte i yderste vejbane for at komme frem til eventet hurtigst muligt. Pludselig holdt min bil op med at fungere. Jeg så kilometertælleren dykke. Rat og bremser holdt op med at svare. Jeg havde ingen strøm. Der var meget trafik på vejen den dag, men det lykkedes på en eller anden måde bilen at krydse alle fire vejbaner og komme i sikkerhed i vejkanten. Jeg kan ikke forklare, hvordan en bil, som ikke virker, formår at krydse al den trafik, men det gjorde den. Det er miraklet i Ammas nåde. Hun reddede vores liv den dag.

Da vi igen kunne trække vejret og forbløffede så os omkring, forsøgte jeg mig med tændingen og hørte en forfærdelig lyd fra motoren. Vi gik ud af bilen, åbnede kølerhjelmen og opdagede, at der var gået ild i motoren. Ilden var gået ud af sig selv, men der kom stadig røg fra motoren, og kølerhjelmen var slemt forbrændt.

Hvad skulle vi gøre? Vi var strandet på motorvejen med en bil, som ikke kunne køre videre den dag. Vi ringede efter hjælp, og bilen blev transporteret hjem til min ven. Han tænkte, at det måske var et tegn på, at vi ikke skulle se Amma, men det ville jeg ikke høre tale om. Jeg sagde, at han var nødt til at køre os derhen, og at vi absolut skulle afsted.

Vi ankom for sent ved darshan-hallen men fik vores darshan-numre alligevel. Til min overraskelse og glæde var det tidlige darshan-numre, som gjorde det muligt at komme til at se Amma relativt hurtigt.

Mens jeg lå i Ammas arme, var der en gruppe tilhængere, som begyndte at synge, og én af dem sang solo (falsk) med så stærk en hengivenhed, at Amma henrykt lyttede hele vejen igennem sangen. Hun holdt mig i sine arme hele tiden, mens hun rokkede mig og lo. Alle bekymringer og problemer blev fjernet fra mine skuldre. Mens hun holdt om mig, blev det tydeligt for mig, at hun vidste præcis, hvad vi havde været ude for. Det var den længste darshan, jeg nogensinde har modtaget.

Min ven fik sin darshan lige bagefter og blev meget bevæget af sin oplevelse med Amma.

Jeg føler virkelig, at Amma reddede vores liv den eftermiddag. Der er ikke skyggen af tvivl i mit sind om, at det var Ammas nåde, som førte vores bil i sikkerhed. Mine øjne fyldes med tårer, mens jeg skriver disse ord. Amma har konsekvent passet på mig hen over årene, vejledt mig og været min konstante ledsager. Jeg vil forblive i hendes favn altid.

Hun er selve mit åndedrag og har min
sjæls fulde kærlighed og hengivenhed. "

Det kræver kun lidt anstrengelse og tro, og så vil vi begynde at se Ammas nænsomme hånd lede hvert eneste skridt, vi tager. Vi er nødt til at udvikle troen på, at der findes et højere niveau af guddommelighed, som virkelig fører os trygt gennem alle begivenheder, for det gør hun virkelig.

Kapitel 18

At udvikle uskyldig tro

Når vi betragter Amma, er det vigtigt, at vi ikke dømmer hendes handlinger ud fra det, vi selv opfatter, hun gør. Det er bedre helt enkelt at acceptere hendes handlinger og vide, at de altid sker med den største gavn for øje. Hvad hun end gør, er det kun til *vores* gavn. Vi holder til i de tre dimensioners sfære, mens Ammas bevidsthed dvæler et helt andet sted. Hvem ved, hvor mange dimensioner, der findes?

Engang spurgte en atomfysiker hende: "Kan du forklare noget om skabelsen?" Hun svarede: "Skabelsen finder sted i en højere dimension. Du holder kun til i de tre dimensioner, så dit sind er ikke i stand til at nå hinsides og forstå det." Vi behøver ikke at forstå, vi kan bare have tro og tillid.

At gøre en bevidst indsats for at udvikle tro på én som Amma, er en handling, der er så ren,

Duften af ren kærlighed

at den vil tiltrække en betydelig mængde velsignelser til os i dette liv. Vi er nødt til at udvikle en stærk tro på, at Amma hører alle vores bønner. Vi har så stærk tro på mindre ting i vores liv og tror på det, når fjollede mennesker siger dumme ting til os. Prøv at få indsigt i, at Amma virkelig lytter til vores bønner, vores ønsker og drømme. Vi kan knytte os fuldstændig til hende, når vi knytter et bånd af kærlighed til hende – ren Kærlighed kender ingen afstand.

En kvinde fortalte mig, at hun altid tvivlede på, at Amma virkelig ønskede hende eller havde brug for hende. Der var altid så mange mennesker i mængden, og denne kvinde satte spørgsmålstegn ved, om Amma virkelig ville savne hende, hvis hun ikke var med. Hun besluttede sig for at teste Amma. Hun tænkte ved sig selv: "Hvis Amma virkelig ønsker, at jeg skal være her, vil hun få mig til at blive til programmet".

Da hun ikke modtog noget tegn på, at hun skulle blive, besluttede hun sig: "Nå… lad mig gå tilbage til bilen. Jeg tager afsted. Amma gav mig ikke noget tegn."

Hun gik ud til bilen og forsøgte at starte den, men hun kunne ikke starte bilen og var virkelig irriteret. Hvorfor startede bilen ikke? Nu var hun strandet her og havde allerede glemt, at hun havde bedt Amma om et tegn. Hun overgav sig til det faktum, at hun ikke kunne komme hjem fra eventet den aften.

Da natten var ved at være omme, tænkte hun: "Nu er det tiden, at jeg skal afsted. Lad mig lige tjekke, om bilen kan starte." Hun gik tilbage til bilen én gang til, tændte motoren og bilen startede med det samme, så hun kunne køre hjem uden problemer. Det var først et stykke tid senere, at hun indså, at da hun testede Amma, dukkede svaret op på en måde, hun *aldrig* havde forestillet sig, at det ville.

Vi ønsker, at hele universet skal møde os på samme måde, som vores lille sind forventer, at det skal gøre – men der er aldrig noget, der fungerer på den måde.

Når nogen som Amma har vist os, hvad de står for, er tiden inde til at stoppe med at tvivle. Fordi det i virkeligheden kun er hende, som ved, hvad der er rigtigt, hvad der er sandt, og hvad vi har behov for. Vores opgave er at forsøge at bøje os for det og overgive vores ego og ikke dømme ud fra vores fordrejede syn på tingene.

Med denne smukke anekdote beskriver Amma den slags tro, vi er nødt til at udvikle for at kunne høre mesterens stemme klart indeni.

I en landsby havde der været tørke i meget lang tid. Der var overhovedet ingen regn. Landsbyboerne besluttede sig for at udføre et ritual for at fremkalde regnen. Om aftenen, hvor ritualet skulle afholdes, samledes tusinder af mennesker for at deltage i eventet. Blandt de tusind mennesker, der var mødt op, var der kun én lille pige, som havde taget en paraply med. Nogle folk spurgte hende: "Hvorfor har du taget en paraply med på en dag, hvor det er så godt vejr?"

Pigen svarede: "Fordi efter ritualet begynder det at regne, ikke sandt? Jeg tog den med, for at vi ikke skulle blive våde." Selvom solen skinnede fra en klar himmel, troede hun fuldt og fast på, at det ville regne. Pigen havde en paraply med, fordi hun ikke nærede skyggen af tvivl om, at ritualet ville fungere. Kun dette barn havde den fuldstændig uskyldige tro, som er den slags tro en discipel er nødt til at udvikle.

Det er gennem troen, at vi vækker styrken og potentialet indeni os. Tro tillader os at udvikle vores Selv-sikkerhed – troen på vores eget sande

Selv. Denne Selv-tro hjælper os til at vokse og udvikle os, sådan at vi nærmer os det guddommelige indeni. Amma siger, at vi *alle* har Gud indeni os, men at vi ikke er klar over denne tilstedeværelse. Det er gennem tro og overgivelse, at vi kommer nærmere denne forståelse. Når vi begynder rejsen mod denne kilde, bliver vi langt bedre i stand til at opleve det guddommeliges nærvær indeni.

Vi er blevet født for at lære at mestre vores sind, så vi kan se det guddommeliges skønhed overalt, ligesom Amma gør. Denne verden er helt enkelt en manifestation af det guddommelige. Vi er nødt til at lære at svømme i eksistensens bølger, selvom disse bølger til tider truer med at drukne os. Vi må lære at danse i regnen, ligesom Amma elsker at gøre. Hvis vi er i stand til det, er det som at nå spiritualitetens tinde.

Amma lytter til vores bønner og problemer og giver os så meget. Hun modtager alle til darshan i timevis. Når hun gør det, giver hun os tro på, at hvis hun kan gøre det, vil vi også være i stand til at sejre og lykkes med de ting, vi sætter os for. Og så bliver vi virkelig i stand til at klare det.

Amma har givet os så mange smukke og specielle minder. De er som dyrebare ædelsten, der er gemt i hjertets smykkeskrin. Må værdier som kærlighed, uselviskhed og taknemmelighed lyse op i vores liv, mens vi husker hende som vores fundament.

Hvorfor ikke forestille os, at Amma holder vores hånd og leder os igennem? For det gør hun i virkeligheden – og hun vil aldrig slippe os.

www.ingramcontent.com/pod-product-compliance
Lightning Source LLC
Chambersburg PA
CBHW060159050426
42446CB00013B/2899